MANUALES

LA INVENCIÓN
DE LA CRÓNICA

NUEVO PERIODISMO

Susana ROTKER

LA INVENCIÓN
DE LA CRÓNICA

FONDO DE CULTURA ECONÓMICA
FUNDACIÓN PARA UN NUEVO
PERIODISMO IBEROAMERICANO

Primera edición, 2005

Rotker, Susana
　　La invención de la crónica / Susana Rotker ; introd. por Tomás Eloy Martínez. — México : FCE, Fundación para un Nuevo Periodismo Iberoamericano, 2005
　　　　230 p. ; 21 × 14 cm — (Colec. Nuevo Periodismo. Ser. Manuales)
　　　　ISBN 968-16-7829-X

　　1. Periodismo 2. Crónica I. Martínez, Tomás Eloy, introd. II. Ser. III. t.

LC PN4775　　　　　　　　　　　　　　Dewey 070.4 R657i

Comentarios y sugerencias: editorial@fondodeculturaeconomica.com
Conozca nuestro catálogo: www.fondodeculturaeconomica.com

Diseño de portada: Laura Esponda Aguilar

D. R. © 2005, Herederos de Susana Rotker
D. R. © 2005, Fundación para un Nuevo Periodismo Iberoamericano
Colección Nuevo Periodismo
Dirigida por Tomás Eloy Martínez
Serie Los Manuales de la FNPI

D. R. © 2005, Fondo de Cultura Económica
Carretera Picacho-Ajusco, 227; 14200 México, D. F.

Se prohíbe la reproducción total o parcial de esta obra
—incluido el diseño tipográfico y de portada—,
sea cual fuere el medio, electrónico o mecánico,
sin el consentimiento por escrito del editor.

ISBN 968-16-7829-X

Impreso en México • *Printed in Mexico*

ÍNDICE

Una introducción, *por Tomás Eloy Martínez*   9

Reconocimientos 11

Capítulo I
LA CRÓNICA MODERNISTA Y LA CRÍTICA LITERARIA 13
La idea del arte: una institución social 18
La crónica como literatura 24

Capítulo II
EL TRASFONDO DE LA REPRESENTACIÓN 29
El desajuste y la coexistencia de lo heterogéneo 35
Racionalización y subjetividad 40
El espacio de condensación. 50

Capítulo III
LOS ESCRITORES 55
La redefinición de los discursos 60
Ambivalencias y contradicciones modernistas 72
Contra el *clisé* mental. 77

Capítulo IV
EL LUGAR DE LA CRÓNICA. 89
La profesionalización del escritor y del periodista . . . 101
Los antecedentes de la crónica 123
El periodismo norteamericano 125
La crónica como género 129

Capítulo V
LA MODERNIDAD COMO SISTEMA DE REPRESENTACIÓN 137
Las pequeñas obras fúlgidas 145
La escritura como artificio 153
Romper y recuperar. 166

Capítulo VI
LA CREACIÓN DE OTRO ESPACIO DE ESCRITURA 171
La retórica de lo sublime 176
El hecho y la representación 186
Glosar la nacionalidad. Ricardo Palma y Domingo Faustino
  Sarmiento 192
Los costumbristas cubanos y mexicanos 195
José Martí y la prensa en América Latina 197
La escritura como violencia. 204

Capítulo VII
CONCLUSIONES: AVENTURA Y TRANSGRESIÓN DE UNA ESCRITURA
Y DE UNA LECTURA 223

UNA INTRODUCCIÓN

EN MAYO DE 1996, SUSANA ROTKER Y YO DICTAMOS, A DÚO, uno de los primeros talleres de la Fundación para un Nuevo Periodismo Iberoamericano. El tema era la crónica, sobre cuya especificidad como género literario y su evolución en América Latina había escrito Susana una disertación doctoral, *Fundación de una escritura*, por la que recibió en 1991 el premio Ensayo de Casa de las Américas. Más tarde recreó el tema en unos apuntes titulados *La invención de la crónica*, que aparecieron en una editorial menor, inadvertidos casi, en la Buenos Aires de 1992. Sobre ese tejido de reflexiones armó su taller, que dictaba por las mañanas, de nueve a 12, mientras los participantes y yo trabajábamos por las tardes en el barrio Nelson Mandela de Cartagena, recreando las historias de los fugitivos de la violencia, que sobrevivían como podían.

El cuerpo de textos sobre los que trabajó era inesperado, porque incluía autores entonces poco difundidos en el continente, como el chileno Pedro Lemebel y el venezolano José Roberto Duque, junto a otros que, si bien eran canónicos, rara vez habían sido estudiados como cronistas: Severo Sarduy, Carlos Fuentes, José Emilio Pacheco, el subcomandante Marcos.

El eje de su análisis pasaba, sin embargo, más que por un inventario de autores y lenguajes, por la revelación de que la crónica estaba ya en los orígenes de la gran tradición literaria latinoamericana, al establecerse durante el modernismo como un género en sí mismo, hermano de sangre de la poesía y de la ficción, a través de algunos grandes nombres fundadores: José Martí, Manuel Gutiérrez Nájera, Rubén Darío.

Este libro reconstruye la evolución de la crónica como un género específico de América Latina, que permite la profesionalización del escritor y crea una nueva forma de narrar, mucho antes de que Tom Wolfe, Norman Mailer y Truman Capote lo difundieran con el nombre de Nuevo Periodismo. Durante los años que siguieron, Susana Rotker siguió trabajando sobre los vínculos entre crónica y violencia, y sobre lo que ella llamaba "ciudadanías del miedo". Esas formas de creación dentro del caos darían luz a centenares de crónicas que están cambiando la cara de la literatura en Colombia, Venezuela y México.

El 27 de noviembre de 2000, cuando Susana tenía 46 años, un accidente inexplicable segó su vida. Tardé mucho en encontrar fuerzas para reconstruir, a través de los originales de *La invención de la crónica* y de los apuntes para el taller de Cartagena que estaban en su computadora, estos ensayos fundacionales sobre un género que sólo ahora comienza a ser tomado en serio por los académicos.

Recoger estos textos de Susana ha sido una tarea deslumbradora y dolorosa. Cada palabra le pertenece, y las veces en que creí necesario mover una coma de lugar me sentí intruso e irreverente. Al releerlos, se advierte cuánto rigor hay en cada línea y cuánta pasión, cuánta riqueza se han perdido con su muerte.

TOMÁS ELOY MARTÍNEZ

RECONOCIMIENTOS

La idea de esta investigación comenzó en 1983 en la Universidad de Maryland, durante un curso que dictaba la profesora Graciela Nemes; el azar hizo que me asignara el análisis de la crónica de José Martí sobre la muerte de Jesse James. Aquella exposición en clase se amplió en una monografía, que fue sucedida por otras y otras hasta que derivó en un trabajo de investigación durante más de cinco años en bibliotecas, archivos de microfilmes y hemerotecas de Washington, Caracas y Buenos Aires.

Debo la idea de comparar la prensa norteamericana, *La Opinión Nacional* de Caracas y *La Nación* de Buenos Aires a Jorge Aguilar Mora. Lector exigente, corrigió este trabajo sin descuidar detalle y me enseñó además que, para intentar desmadejar la compleja red de la literatura de una época, debía tomar en cuenta las corrientes del pensamiento, la historia y los distintos modos de producción textual.

Parte de la investigación y la escritura del trabajo contó con el apoyo de una beca del programa latinoamericano del Social Science Research Council. Agradezco a Joan Dassin, Francine Massiello y Doris Sommer, porque ayudaron a definir en aquel entonces la importancia de un género discursivo que está entre el periodismo y la literatura. Mi gratitud también para Saúl Sosnowski, quien siempre encontró el modo de resolver los trastornos que solían derivarse de mi situación itinerante.

Mi gratitud para mis padres, siempre cargando libros para mí de un extremo al otro del continente. También en Caracas, mi reconocimiento a Sergio Dahbar, Juan Liscano, Alfredo Chacón y María Julia Daroqui, por su generosidad y entusiasmo. Debo una mención aparte a quienes fueron mis compañeros en los tiempos de la crítica cultural y, muy especialmente, al equipo de "Feriado" y a todos los redactores que desde las páginas tempranas de *El Diario de Caracas* intentaron la aventura de un lenguaje propio, en la frontera entre la literatura y el periodismo.

Agradezco a Julio Ramos, porque su trabajo doctoral —sobre la modernidad y las crónicas de Martí— fue mi interlocutor frecuente, y porque durante una investigación que llevó a cabo en la Argentina jamás dudó en compartir sus inteligentes reflexiones.

En Buenos Aires, mi reconocimiento para el siempre estimulante y entrañable Noé Jitrik, para Celina Manzoni y para mis compañeros docentes en la cátedra de Literatura Latinoamericana II de la Universidad de Buenos Aires, por integrarme a un medio de trabajo intelectual en constante actualización.

Un reconocimiento central: a mi hija Sol Ana, quien inició su vida mientras yo elaboraba el proyecto de esta investigación y que, a pesar de no haber conocido desde entonces más que mudanzas de un país a otro y una presencia obsesionada frente a la computadora, la reescritura o la revisión de fichas y apuntes, ha sabido ser la alegría misma. A pesar de las muchas dificultades, decidí persistir en el esfuerzo y llegar hasta el final de este trabajo en homenaje a esa alegría.

CAPÍTULO I

LA CRÓNICA MODERNISTA Y LA CRÍTICA LITERARIA

> Cada estado social trae su expresión a la literatura; de tal modo, que por las diversas frases de ella pudiera contarse la historia de los pueblos, con más verdad que por sus cronicones y sus décadas.
>
> José Martí, "El poeta Walt Whitman"

M ÁS DE LA MITAD DE LA OBRA ESCRITA DE JOSÉ MARTÍ Y DOS tercios de la de Rubén Darío se componen de textos publicados en periódicos.[1] Sin embargo, la historia literaria ha centrado el interés básicamente en sus poesías.

A pesar de la importancia de las crónicas periodísticas para comprender una etapa fundamental de la cultura hispanoamericana, ese desinterés por parte de la crítica ha afectado no sólo la total valoración de la obra de Martí y Darío sino la de los escritores modernistas en general, como si su producción poética hubiera estado totalmente divorciada de sus textos periodísticos. La omisión es notable. La relación entre ambas formas de escritura fue tan estrecha, que durante el periodo sólo hubo dos cronistas ajenos al servicio de la poesía —José María Vargas Vila y Enrique Gómez Carrillo—, mientras que los demás creadores de "arte puro" se volcaron no sólo en poemas, sino en ensayos y crónicas: Manuel Gutiérrez Nájera, Amado Nervo, Julián del Casal, Luis G. Urbina, José Juan Tablada, José Enrique Rodó.

---

[1] En efecto, entre 1880 y 1892, Martí escribió más de 400 crónicas sobre Hispanoamérica, Estados Unidos y Europa, más un centenar de deslumbrantes retratos —o "cabezas", como las llamaba Rubén Darío—, reproducidas en diarios como *La Nación* (Buenos Aires), *La Opinión Nacional* (Caracas), *La Opinión Pública* (Montevideo), *La República* (Tegucigalpa), *El Partido Liberal* (México) y *La América* (Nueva York). Las crónicas propiamente dichas ocupan 13 de los 25 tomos de la *Obra completa* publicada por la Editora Nacional, La Habana, en 1963; el resto se divide en dos tomos para la poesía y los demás para el teatro, cartas, ensayos políticos, discursos, circulares, artículos para *La Prensa*, cuadernos de notas, más una parte de otro tomo para su periódico infantil *La Edad de Oro*. Por su parte, Rubén Darío fue codirector de *El Imparcial* (Managua); director en Argentina de la *Revista de América*; redactor o corresponsal de *La Nación, La Tribuna, La Biblioteca*

En su estudio sobre *Rubén Darío y el modernismo* el crítico Ángel Rama notó que "la búsqueda de lo insólito, los cercamientos bruscos de elementos disímiles, la renovación permanente, las audacias temáticas, el registro de los matices, la mezcla de las sensaciones..." —hasta entonces aceptadas como características de la poesía modernista—, eran también esencia de las transformaciones sociales finiseculares y de la experiencia periodística, interpretada como la incipiente profesionalización del escritor.

Cualquier lectura de las crónicas revela que en ellas se introdujeron rasgos que caracterizaron en buena medida los textos poéticos modernistas: plasticidad y expresividad impresionista, parnasianismo y simbolismo, incorporación de la naturaleza, búsquedas en el lenguaje del Siglo de Oro español, la absorción de la velocidad vital de la nueva sociedad industrializada.[2] Y, aún más: "El nacimiento del periodismo literario, [...] por venir a cumplirse en manos de artistas excepcionales supuso la dignificación de esa misma actividad periodística. El resultado fue el brote de la crónica como *género nuevo* de las letras hispanoamericanas".[3]

(Buenos Aires), de *El Heraldo* y la *Revista de Artes y Letras* (Chile); de *La Prensa Libre* (Costa Rica); en España fue colaborador de *La Ilustración Española y Americana, Madrid Cómico, Blanco y Negro, Renacimiento, Heraldo de Madrid, Ateneo, América, La Vida Literaria, Electra, Alma Española* y de la revista modernista *Helios*. Darío reprodujo parte de estos textos en libros como *Peregrinaciones, España contemporánea, La caravana pasa, Letras, Todo al vuelo, Impresiones y sensaciones,* además de *Los raros*. Algunos estudios sobre el tema: Ángel Rama, *Rubén Darío y el modernismo* (Caracas: Universidad Central de Venezuela, 1970); Raúl Silva Castro, "Prosa periodística y artística en Rubén Darío", en *Darío* (Santiago de Chile: Departamento de Extensión Universitaria, 1968); Juan Collantes de Terán, "Rubén Darío", en *Del neoclasicismo al modernismo. Historia de la literatura hispanoamericana,* tomo II, L. Íñigo Madrigal, comp. (Madrid: Cátedra, 1987), pp. 603-632.

[2] Esta caracterización del modernismo es de Iván Schulman, en "Reflexiones en torno al modernismo", *Cuadernos Americanos 4,* 1966, pp. 211-240.

[3] José Ovidio Jiménez, "El ensayo y la crónica del modernismo", en *Del neoclasicis-*

Uno de los objetivos de este trabajo es estudiar las crónicas —centralmente las que escribió José Martí como corresponsal en Nueva York— como artífices de la renovación de la prosa en América Latina. Sin embargo, el sentido que anima la investigación no es la mera atracción por lo casi inédito. Las características de la crónica como género mixto y como lugar de encuentro del discurso literario y periodístico permiten postular preguntas apasionantes acerca de la institución literaria y de la cultura. La intención subyacente, entonces, además de intentar marcar algunos parámetros específicos acerca de la crónica como escritura, es cuestionar no sólo la imagen convencional del modernismo y sus torres de marfil, sino los conceptos sobre la autonomía del arte, la especificidad de lo literario, la función social de la literatura; repensar temas como el valor y la tradición, la historia de la literatura como progreso, la modernidad, la hegemonía del discurso de un grupo de poder o clase social.

La idea es intentar una aproximación a la época y a los textos vistos ambos como una tensión problematizadora; es decir, leer también a través de las crónicas otra forma de las prácticas discursivas; con signos de interacción entre institución, sociedad y formas de discurso.[4] Y por ello se deben hacer primero algunas acotaciones teóricas sobre estos temas.

---

mo al modernismo, p. 544. El énfasis es mío, como en todas las citas donde no se aclare que las cursivas pertenecen al texto original.

[4] Utilizo el concepto de "práctica discursiva" en los términos propuestos por Michael Foucault, en *La arqueología del saber* (1969), trad. A. Garzón del Camino (México: Siglo XXI, 1970). Valga acotar que, si bien la reflexión se extenderá hasta definir los marcos teóricos de la crónica como género entre el orden de lo subjetivo y lo factual, esta investigación focaliza sólo los textos de la época del modernismo, puesto que allí surgió su conformación particular como encuentro del periodismo y la literatura. El término crónica se usaba ya desde el comienzo mismo de la literatura hispanoamericana —los cronistas de Indias— pero no contemplaba la inmediatez del periodismo; las reglas del género podrían también aplicarse al cuerpo textual producido por los escritores que frecuentaron los diarios ya en el siglo XX, pero no es el objetivo de este análisis marcar si hubo o no

La idea del arte: una institución social

El "arte" y "lo estético" no son valores absolutos, dependen de la convención que la sociedad acepta en un momento dado. Es como la biblioteca de Walter Benjamin: la versión de "lo valioso" puede ser desempaquetada y reordenada; lo que merece consideración es como un "estado de la mente", movible de acuerdo con el momento de vida.[5]

El arte es una institución social. Se trata de un aparato que produce normas, prescripciones, que regula la producción y la recepción de las obras de arte, los géneros, las jerarquizaciones; hasta lo estético mismo no es una propiedad real del objeto, pues "el fenómeno que fue portador privilegiado de la función estética en una época o un país determinado, puede perder esta función en otra época y otro país".[6]

La costumbre acerca de lo que se considera verdaderamente "literario" o "artístico" dentro del modernismo tiene mucho que ver con los patrones culturales imperantes durante la primera mitad

---

diferencias luego entre la crónica modernista, el nuevo periodismo o la literatura de "no ficción", por ejemplo, sino estudiar el momento en que se constituyó un nuevo sistema de escritura.

[5] Walter Benjamin, "Unpacking my Lybrary. A Talk about Book Collecting", *Illuminations* (1955), trad. H. Zohn (Nueva York: Schocken Books, 1969), pp. 59-68. La traducción al español es mía, como la de todas las citas, salvo cuando indique traductor.

[6] "... la función estética no es una propiedad real del objeto, aunque éste haya sido construido intencionalmente en vista de esta función, sino que se manifiesta sólo en circunstancias determinadas, es decir en un contexto social determinado". La cita es de Jan Mukarovsky en "Función, norma y valor estético como hechos sociales" (1936), en *Escritos de estética y semiótica del arte,* trad. A. Anthony-Visová (Barcelona: Gustavo Gili, 1977), p. 48. Sobre el tema del arte como institución: Peter Bürger, *Theory of the Avant-Garde* (1974), trad. M. Shaw (Minneapolis: University of Minnesota Press, 1984); sobre la relación entre época e interpretación cultural: Dominick La Capra, *History and Criticism* (Ítaca y Londres: Cornell University Press, 1985) y *Rethinking Intellectual History: Texts. Contexts. Language* (Itaca y Londres: Cornell University Press, 1983).

de este siglo. Esto implica una comprensión de la escritura tamizada por los distintos momentos de la teoría crítica: romántica, formalista, estructuralista, marxista, etcétera. En general, la mayoría de los estudios publicados han tendido a privilegiar la estilística, la interpretación simbólica, la relación vida del autor/obra y lo que los mismos escritores afirmaron sobre sus textos. Otra vía de reconstrucción de la experiencia literaria se ha definido, por ejemplo, a través de la sucesión de los diferentes modos de concebir y representar la realidad.[7]

Así, la historia interna de la literatura ha ido mostrando las variaciones de los métodos y las premisas de interpretación y selección. Además de esas premisas —que tienen que ver con la suma de conocimientos con los que se cuenta en una etapa social dada—, siguen interviniendo los hábitos mentales y de clase: un conjunto de elementos en absoluto inmutables. Por ello, como ha dicho R. G. Collingwood, "a causa de estos cambios, que no cesan jamás, [...] cada nueva generación tiene que reescribir la historia a su manera";[8] por ello, explica, cada presente tiene un pasado que le es propio y toda historia es opinión.

Entonces, sea cual fuere el criterio empleado por la crítica literaria de acuerdo con la época, lo cierto es que la canonización de determinada escritura modernista en detrimento de un vasto sector de la producción textual de los mismos autores ha correspondido a un proceso de interpretación. La marginación de las crónicas no responde a un criterio "científico" o inapelable; es el resultado de una interpretación selectiva, hecha a menudo como una domesticación de la lectura y situada a su vez sobre capas sucesivas de otras lecturas. Hace falta excavar desde

---

[7] Erich Auerbach, *Mimesis. La representación de la realidad en la literatura occidental* (1942), trad. I. Villanueva y E. Imaz (México: Fondo de Cultura Económica, 1950).

[8] R. G. Collingwood, *Idea de la historia* (1946), trad. E. O'Gorman y J. Hernández Campos (México: Fondo de Cultura Económica, 6a. reimpresión, 1979), pp. 240 y 227.

otros ángulos y territorios para ampliar el horizonte de comprensión.

Los escritores modernistas contribuyeron a sentar los cánones diferenciadores entre "arte" y "no arte", incitando modos de lectura y su propia crítica. Aunque no lo hicieron en el sentido vanguardista de los manifiestos, proclamaron su poética tanto en los prólogos de sus obras como en los innumerables artículos que escribieron sobre los autores que admiraban y, especialmente, sobre ellos mismos. Martí escribió sobre Casal; Baldomero Sanín Cano sobre José Asunción Silva; Amado Nervo sobre Enrique González Martínez, Manuel Díaz Rodríguez y Leopoldo Lugones; éste sobre Ricardo Jaimes Freyre; José Enrique Rodó sobre Darío, y Darío sobre Martí y casi todos los demás. Ellos explicaron cómo querían ser leídos de acuerdo con sus búsquedas, lo cual suele ocurrir en todas las literaturas: los autores inducen los marcos críticos, muchas veces con fortuna; basta ver la frecuencia con la que los análisis especializados recurren a las justificaciones teóricas de los propios escritores.

Pese a las explicaciones, las malas interpretaciones comenzaron en su época. De la poética de Rubén Darío, el autodecretado iniciador, se tomaron las figuras lujosas y no la profunda renovación que aportó a la poesía hispanoamericana; los ataques se extendieron hacia sus malos seguidores —que los hubo— y al modernismo. Su contemporáneo Rufino Blanco Fombona, por ejemplo, dijo que el estilo rubendariano "consiste en la más alquitarada gracia verbal, es un burbujeo de espumas líricas, en un frívolo sonreír de labios pintados, en una superficialidad cínica y luminosa, con algo exótico, preciosista, afectado, insincero".[9]

La visión vicaria e ingenua acerca del modernismo, la más superficial, se abrió camino en muchos medios académicos y hasta en los de difusión periodística. Una cosa es analizar la toma de

---

[9] En *El modernismo y los poetas modernistas* (Madrid: Mundo Latino, 1929), página 32.

conciencia de Darío sobre el acto poético como definición del campo propio del discurso literario y otra muy distinta es seguir repitiendo la enseñanza del modernismo sólo como la fusión estetizante del simbolismo, el parnasianismo, el impresionismo y hasta el pitagorismo o el paganismo.

La cadena de malos entendidos se propagó. En 1910 encontró una de sus más felices expresiones en el famoso soneto "Tuércele el cuello al cisne", de Enrique González Martínez, quien decretó allí la necrología de los amaneramientos preciosistas en el que habían incurrido muchos poemas modernistas. Más de un creador de la época contribuyó a que se los tomara por frívolos; el mismo Gutiérrez Nájera definió su trabajo de cronista como: "Amuser les gens qui passent, leur plaire aujourd'hui et recommencer le lendemain, voilà, mesdames, ma devise!"[10] Y, sin embargo, comprometieron su escritura en uno de los replanteamientos más profundos de la literatura hispanoamericana.

En cuanto a la crítica literaria, puede decirse que los análisis tradicionales se han centrado en: elementos formales y estéticos, delimitaciones generacionales tras una visión lineal de la historia que reduce a un común denominador lo que no fue simultáneo ni unívoco, desciframientos de mitologías, énfasis en el develamiento de las influencias o tipologías "del espíritu humano", como se ve con sus variantes y profundizaciones en los ya clásicos trabajos de Pedro Salinas, Guillermo Díaz Plaja, Ricardo Gullón o Manuel Pedro González. Estas aproximaciones, cada una con su mérito, descartan sin embargo toda otra forma expresiva que cuestione con su "impureza" la identidad del arte, como es el caso de la crónica.

La definición misma sobre qué es el modernismo hispanoamericano ha pasado por las convenciones y los vientos de la historia.[11] Juan Ramón Jiménez, por ejemplo, afirmaba que era "el

---

[10] Gutiérrez Nájera, "I. Crónica", recogida en *Obras inéditas. Crónicas de "Puck"*, editada por E. K. Mapes (Nueva York: Hispanic Institute, 1943), p. 8.

[11] Cfr. I. Schulman y M. P. González, "Reflexiones en torno a la definición del modernismo", en *Martí, Darío y el modernismo* (Madrid: Gredos, 1969); A. Roggiano,

encuentro de nuevo con la belleza sepultada durante el siglo XIX por un tono general de poesía burguesa. Eso es el modernismo: un gran movimiento de entusiasmo y libertad hacia la belleza".[12] Octavio Paz, cuya afirmación acerca de que el modernismo hispanoamericano es "nuestro verdadero romanticismo", es una referencia básica en el mundo académico, llegó a definirlo como "una escuela de baile, un campo de entrenamiento físico, un circo y una mascarada".[13] Para David Viñas estos escritores se dedicaban a: "Tomar las palabras con las puntas de los dedos, picar una comida, afilar un cigarro, palmear una yegua de raza. [...] al fin de cuentas la literatura no era oficio sino privilegio de rentas".[14] Para François Perús, se trató de un movimiento al servicio de los proyectos de la burguesía importadora.[15]

Es necesario hacer una acotación histórica: es cierto que en una etapa tardía algunos escritores modernistas sirvieron al estatus dominante, oponiendo su discurso a la afluencia de las masas inmigratorias en la Argentina o del campesinado en México, por ejemplo. No obstante, esta alianza con la burguesía no es achacable al modernismo por entero: esta confusión es uno de los problemas que aborda la presente investigación.

Lo que queda claro es que, efectivamente, toda definición es una interpretación selectiva, todo modo de contar la historia literaria es una opinión y que, como tal, es mutable con el tiempo y

---

"Modernismo: origen de la palabra y evolución de un concepto", en *Nuevos asedios al modernismo,* ed. I. Schulman (Madrid: Taurus, 1987); R. Gutiérrez Girardot, *Modernismo* (Barcelona: Montesinos, 1983).

[12] Citado por R. Gullón en *El modernismo; notas de un curso* (México: Aguilar, 1963), página 17.

[13] Octavio Paz, *Cuadrivio* (México: Joaquín Mortiz, 1965), p. 12.

[14] David Viñas, "De los gentlemen-escritores a la profesionalización de la literatura", en *Apogeo de la oligarquía. Literatura argentina y realidad política* (Buenos Aires: Siglo Veinte, 1975), p. 100.

[15] En *Literatura y sociedad en América Latina: el modernismo* (México: Siglo XXI, 1976).

la perspectiva cultural. Un criterio, entonces, preferible, es el de Saúl Yurkievich cuando escribe que "estudiar la cultura de la modernidad y volver a los modernistas significa preservar el poder de subversión, la capacidad de recrear imaginativamente la expresión fáctica".[16]

Probablemente debido a su amplitud, el consenso actual tiende a aceptar que el modernismo es:

> La forma hispánica de la crisis universal de las letras y del espíritu que inicia hacia 1885 la disolución del siglo XIX y que se había de manifestar en el arte, la ciencia, la religión, la política y gradualmente en los demás aspectos de la vida entera, con todos los caracteres, por lo tanto, de un hondo cambio histórico cuyo proceso continúa hoy.[17]

Rafael Gutiérrez Girardot precisa la coexistencia de dos momentos: "El modernismo hispánico responde a los efectos de estos procesos: la integración de las Españas en el mundo burgués, la disolución lenta de la sociedad tradicional y la lenta formación de la sociedad burguesa".[18] Y Rama lo caracteriza —enmarcándolo dentro del proceso literario en América Latina— como un periodo donde a la obsesión posindependentista y romántica por la originalidad se suma el deseo de adquirir el derecho a cualquier escenario del universo y a la individualidad, sin por eso dejar de lado los problemas de independencia y representatividad de la región.[19]

Estas definiciones, más arraigadas en las ideas de la historia intelectual, propician hoy una relectura que integre la práctica del

---

[16] *Celebración del modernismo* (Barcelona: Tusquets, 1976), p. 9.
[17] Federico de Onís, *Antología de la poesía española e hispanoamericana* (Nueva York: Las Américas, 2a. ed., 1961), p. xv.
[18] Rafael Gutiérrez Girardot, "La literatura hispanoamericana de fin de siglo", en *Del neoclasicismo al modernismo*, p. 495.
[19] Ángel Rama, "Literatura y cultura", en *Transculturación narrativa en América Latina* (México: Siglo XXI, 2a. ed., 1985), pp. 11-19.

lenguaje como una dicotomía y una interacción entre texto y contexto. Al fin de cuentas, como afirmó Roland Barthes, la escritura es también "un acto de solidaridad histórica".[20] La coexistencia de lo heterogéneo, de lo contradictorio, de la misma idea y sentido de *crisis de una época* como fractura, sugieren tomar el camino de lo desechado, de lo excluido y omitido por la institución del arte: el intento es acercarse al *borderline* de la crónica y tratar de entender así, incluso, la omisión misma.

La crónica como literatura

LA INCIPIENTE RECUPERACIÓN DE LAS CRÓNICAS MODERNISTAS PARA EL cuerpo literario hispanoamericano tiene que ver, entonces, con la revisión de los estudios de la literatura tomándola como parte de la multiplicidad de la práctica cultural. Raymond Williams afirma que ya no se puede ver al arte como una categoría tan separada y extrasocial como en el siglo pasado, donde las normas burguesas separaron fantasiosamente la "creación" de su proceso de producción material, al arte y al pensamiento del proceso social que los contiene.[21]

Es decir que hasta hace pocos años se ha seguido estudiando un fenómeno con categorías prácticamente finiseculares: separando "creación" o "arte" (léase poesía, en lo que se refiere a la mayor parte del modernismo) de "producción" (léase periodismo como bien de consumo y sujeto a normas de venta). Esta separación tiene como trasfondo, por un lado, difundidos estereotipos acerca de la "literatura pura", de los géneros o del trabajo asalariado como incapaz de producir obras de arte; y, por otro lado, el prototipo del arte verdadero como consumo reservado a las élites, en detrimento de lo que parece inherente a lo masivo.

---

[20] Roland Barthes, *El grado cero de la escritura. Seguido de Nuevos ensayos críticos,* trad. N. Rosa (Buenos Aires: Siglo XXI, 1973), p. 22.
[21] Raymond Williams, *Marxism and Literature* (Oxford University Press, 1977), pp. 153-154.

El estudio de las crónicas periodísticas sugiere así una revisión de las divisiones establecidas entre "arte y no arte, literatura y paraliteratura o literatura popular, cultura y cultura de masas".[22] Las crónicas propondrían también una historia literaria no concentrada en el arte como un artefacto de las élites, no aislada —como ha sucedido tan a menudo— del resto de los fenómenos sociales.

El recorte que propone esta investigación al elegir las crónicas norteamericanas de José Martí como eje para la reflexión no pretende escapar del hecho de ser, a su vez, otro corte, otra categoría reflexiva, otro principio de clasificación. Pero la intención de revisar los entrepliegues del discurso manifiesto acerca del modernismo es también un modo de encontrar en los llamados textos "menores" las convenciones dominantes, tanto del pasado en el que fueron escritos, como en este presente de lector.

Otro de los ejes básicos de reflexión es el replanteamiento de los géneros literarios. Esto permite —a través de la crónica como punto de inflexión entre el periodismo y la literatura— considerar elementos como arte y noción de funcionalidad (interés por un hecho); la referencialidad propia del periodismo despegada del aislamiento "elevado" que pretendió imponerse con el "artepurismo"; la formación de una literatura que es también la sociedad en el texto, lo que en verdad está sucediendo y la historia que se está haciendo; los criterios de temporalidad y del lugar del sujeto de la enunciación.

Una de estas ampliaciones es establecer como punto de partida que no necesariamente hay rupturas cortantes entre las obras "puras" (léase poesía) y las mixtas (léase crónicas) de un mismo autor. Que el proceso de la escritura —con las características propias de cada texto y situación— es una operación "cuyo movimiento inacabado no se asigna ningún comienzo absoluto",[23] un diálogo con interlocutores posibles y con otros textos, una parte

---

[22] *Ibidem,* p. 154.
[23] Jacques Derrida, "Implicaciones. Entrevista con Henri Rose" (1976), en *Posiciones,* trad. M. Arranz (Valencia: Pre-Textos, 1977), p. 9.

de la práctica cultural. Que la operación textual no se diferencia drásticamente por el hecho de que un mismo autor mezcle la soledad imaginada para su creación poética con el ruido y las presiones de las redacciones periodísticas.

De todos modos, la propuesta de contextualizar las crónicas con algunas de las líneas de tensión presentes en su momento y modo de producción no significa reducirlas a simples analogías de la sociedad. Como han dicho Gilles Deleuze y Felix Guattari, un texto no es imagen del mundo sino que, al modo de una máquina viva, "hace rizoma con el mundo".[24] La relación texto/contexto no pretende ser tan extrema aquí como dentro de la concepción foucaultiana donde todo es, en última instancia, exclusivo reflejo del discurso del poder.[25] Porque la ubicación de una obra dentro del sistema de producción no por eso excluye que cada obra ha pasado también por el tamiz de una conciencia individual y peculiar, ni excluye puntos de vista como el de José Martí en su crónica "Darwin y el Talmud": "El viaje humano consiste en llegar al país que llevamos descrito en nuestro interior, y que una voz constante nos promete".[26]

El interés también está puesto en estudiar los puntos de articulación y construcción de los textos en sí, en los que además pueden encontrarse elementos tan significativos como las intenciones del autor o el horizonte de expectativas del lector. Texto y

---

[24] Gilles Deleuze y Felix Guattari, *Rizoma*, trad. C. Casillas y V. Navarro (Valencia: Pre-Textos, 1983, 3a. ed.), p. 20.

[25] Este trabajo está en deuda evidente con la obra de Foucault, especialmente por su idea de prestar atención a las "interrupciones" como método analítico *(Arqueología del saber)*; pero no niega la capacidad de la imaginación como filtro liberador, como llegó a hacerlo él en *Vigilar y castigar. Nacimiento de la prisión*, trad. A. Garzón del Camino (México: Siglo XXI, 1976).

[26] *Obras completas*, XV (La Habana: Editora Nacional, 1963-1973), p. 403. Salvo indicación contraria, las referencias a los textos de Martí pertenecen a esta edición; por lo tanto, el tomo y la página de procedencia se especificarán dentro del texto, al final de cada cita y entre corchetes.

contexto son un tejido donde el trabajo individual resemantiza y a la vez es un acto simbólico enfocado directamente hacia "el gran discurso colectivo y de clases en el cual un texto es poco más que una *parole* individual o una *utterance*".[27]

La tarea de tratar de comprender el punto de encuentro entre lo literario y lo periodístico durante el modernismo se enmarca justo dentro de la época que planteó la delimitación de los discursos. Y es tan sólo una invitación a reflexionar, sin pretensiones de agotar los múltiples ejes posibles, una invitación a poner en duda los propios hábitos de lectura y métodos críticos.

---

[27] Frederic Jameson, *The Political Unconscious. Narrative as a Socially Simbolic Act* (Ítaca, Nueva York: Cornell University Press, 1981), pp. 76-77.

CAPÍTULO II

EL TRASFONDO DE LA REPRESENTACIÓN

LOS TÉRMINOS MODERNISMO Y MODERNIDAD ESTABAN TAN ÍNTImamente emparentados para los escritores de la época que ya en 1888 Rubén Darío los empleaba como si fueran equivalentes

En aquel entonces significaba, en América Latina, la percepción del inicio de la industrialización y la consolidación de los Estados más fuertes y burocráticos —sólo Cuba y Puerto Rico seguían bajo la hegemonía de España—, y la incorporación hemisférica al sistema económico internacional. Ser moderno significaba, en reglas generales, un medio ambiente novedoso: ferrocarriles, máquinas de vapor, fábricas, telégrafos, periódicos, diarios, teléfonos, descubrimientos científicos, centros urbanos que cambiaban la conformación de la sociedad y la distribución de las tradicionales clases sociales.

Ser moderno —en términos occidentales— era también el optimismo tecnológico donde el hombre, como diseñador, mejoraría el mundo material; la sociedad podría alcanzar la mejor de las utopías gracias a los ideales de la eficiencia. Era, en suma, introducirse en las leyes del mercado, salir de los regionalismos hacia visiones transcontinentales, enfrentar la instauración del hombre como *animal laborans* y la mundanización.[1]

Sobre la relación de modernismo/modernidad en América Latina Ángel Rama escribió:

> El modernismo no es sino el conjunto de formas literarias que traducen las diferentes maneras de la incorporación de América Latina

---

[1] El término *animal laborans* es de Hannah Arendt. Citado por Gutiérrez Girardot, *Modernismo*, p. 88.

a la modernidad, concepción socio-cultural generada por la civilización industrial de la burguesía del XIX, a la que fue asociada rápida y violentamente nuestra América en el último tercio del siglo pasado, por la expansión económica y política de los imperios europeos a la que se suman los Estados Unidos.[2]

Esta concepción sociocultural, "generada por la civilización industrial de la burguesía del XIX", apostaba al progreso como representación de un futuro abierto. De este modo, si bien se acentuaban las contradicciones, se neutralizaban por otro lado los costos sociales acarreados por el proyecto de crecimiento. José Martí explicaba:

> Como para mayor ejercicio de la razón, aparece en la naturaleza contradictorio todo lo que es lógico; por lo que viene a suceder que esta época de elaboración y transformación espléndidas, en que los hombres se preparan, por entre los obstáculos que preceden a toda grandeza, a entrar en el goce de sí mismos y a ser reyes de reyes, es para los poetas —hombres magnos—, por la confusión que el cambio de estados, fe y gobiernos acarrea, época de tumulto y de dolores, en que los ruidos de la batalla apagan las melodiosas profecías de la buena ventura de tiempos venideros... [VII, 224].

Imperaba a la vez la percepción del cambio, de la transformación y mutabilidad constante del espacio y de los conocimientos, de la materia, de los logros de la civilización y hasta del organismo humano. Era un sistema inestable, donde prendieron las ideas darwinianas sobre la evolución: el triunfo de los más fuertes y el principio de que los cambios evolutivos eran cambios hacia algo mejor.

Aunque la verdadera industrialización se afianza en América

---

[2] Ángel Rama, "La dialéctica de la modernidad en José Martí" (Memoria sobre el Seminario de José Martí, 1974), en *Estudios martianos* (Río Piedras: Universidad de Puerto Rico, 1974), p. 129.

Latina después de 1920, los modernistas se sumergieron en la vorágine del fin de siglo, gracias al flujo informativo, la variación de las clases sociales, las posibilidades de viajar y la violenta urbanización.[3] De hecho, el crecimiento de grandes ciudades planificadas en torno de poderosos núcleos burocráticos fue tal que, hacia 1890, "Estados Unidos está menos urbanizado que al menos cuatro países de América Latina: Venezuela, Chile, Uruguay y Argentina".[4] Además, según los datos de José Luis Romero, "casi todas las capitales latinoamericanas duplicaron o triplicaron la población en los cincuenta años posteriores a 1880".[5]

Estas ciudades —en su mayoría portuarias o litorales—, de gran movilidad social, siguieron a la política de exportar materia prima e importar materia manufacturada: en verdad se consideraba absurdo producir, creyéndose más racional mantener la lógica de la

---

[3] Para ilustrar la mudanza social, bastan algunos ejemplos biográficos: Julián del Casal era hijo de un propietario de ingenios azucareros y esclavos, venido a menos cuando el poeta tenía edad para cursar sus estudios de bachillerato; José Asunción Silva provenía de una familia aristocrática y terrateniente, pero su padre era ya un comerciante y el mismo poeta tuvo que dedicarse a los decadentes y burgueses negocios familiares; a Rubén Darío y a Julio Herrera y Reissig les tocó una herencia absolutamente empobrecida y disgregada. En cambio, José Martí, famoso por su verbo y su cultura, con varios títulos universitarios, era hijo de un español de escasa educación, que solía trabajar para la policía cubana; el otro extremo es el de Leopoldo Lugones, quien adoptó como rasgo aristocrático su pertenencia a una familia de antiguo linaje criollo y, como para reafirmar el rasgo, desarrolló un extremado nacionalismo con raíces en el desprecio al inmigrante (como advenedizo). En cuanto a los viajes: Martí residió gran parte de su vida en Nueva York y en Europa; Darío –así como la mayoría de los modernistas– efectuó más de una visita a España y a París, ciudad ésta que era casi un requisito para los escritores de la época. El único modernista que no la conoció fue Herrera y Reissig.
[4] Claudio Véliz, *La tradición centralista de América Latina* (Barcelona: Ariel, 1984), pp. 213, 230 y 247.
[5] José Luis Romero, *Latinoamérica: las ciudades y las ideas* (1976) (México: Siglo XXI, 4a. ed., 1986), p. 252.

especialización internacional. La manía importadora de la nueva burguesía, de acuerdo con Claudio Véliz, caracterizó la que él denomina pausa liberal latinoamericana y que se extiende durante unos cien años a partir de mediados del siglo XIX. Véliz afirma que si bien el espíritu de imitación de lo europeo —espíritu que se suele atribuir al modernismo— no se extendió a los modos de producción, se limitó en cambio a copiar los modos de consumo:

> El entusiasmo de quienes estaban dispuestos a aceptar todo lo procedente de Francia y Gran Bretaña les impulsaba a emular la manera en que franceses y británicos gastaban su dinero: su estilo de vestir, su moda arquitectónica y literaria, su música, sus modales, sus afectaciones y costumbres exóticas y, casi inevitablemente, sus ideas sociales, económicas y políticas.[6]

En coexistencia con la imagen transformada de los grandes centros urbanos del hemisferio, había ciudades de gran importancia intelectual que seguían presentando un aspecto muy tradicional.

La transfiguración se inició en los grandes centros urbanos como México y Buenos Aires. Las otras capitales hispanoamericanas habrían de contagiarse del espíritu de la modernidad con rapidez: por un lado, ese aire recoleto y colonial fue haciéndose cada vez más remoto; por otro, pocos ciudadanos pudieron permanecer inmunes a la información internacional que les llegaba con naciente fluidez ya no sólo a través de los viajes o los libros, sino a través del periodismo.

Modernidad es, en una primera instancia, un sistema de *nociones* de progreso, cosmopolitismo, abundancia y un inagotable deseo por la novedad, derivados de los rápidos adelantos tecnológicos de los que se tenía conocimiento, de los sistemas de comunicación y, sin duda, de la lógica de consumo de las leyes de mercado que se estaban instaurando.[7]

---

[6] C. Véliz, *La tradición centralista*, pp. 177-178.
[7] Cfr. Marshall Berman, *All That is Solid Melts into Air. The Experience of Modernity*

Sin embargo, ni las violentas transformaciones que comenzaba a producir el nuevo patriciado en los estilos de vida capitalinos, ni la sensación apocalíptica de la inminencia del fin del siglo, terminan de explicar un hecho concreto entre los modernistas: su intenso malestar.

El desajuste y la coexistencia de lo heterogéneo

TESTIMONIOS DE UN DESAJUSTE ABUNDAN EN LA POESÍA MODERNISTA. Se encuentran en el poema "La respuesta de la tierra" de José Asunción Silva: "¿Qué somos? ¿A do vamos? ¿Por qué hasta aquí vinimos? / ¿Conocen los secretos del más allá los muertos? / ¿Por qué la vida inútil y triste recibimos?"; en "Nihilismo" de Julián de Casal: "nada del porvenir a mi alma asombra / y nada del presente juzgo bueno; / si miro al horizonte, todo es sombra; / si me inclino a la tierra, todo es cieno"; en "Las almas huérfanas" de Manuel Gutiérrez Nájera: "pero el hombre de sed agoniza, / y sollozan las huérfanas almas: ¿Quién nos trajo? ¿De dónde venimos? / ¿Dónde está nuestro hogar, nuestra casa?". También en los poemas de Rubén Darío se hallan las marcas de esa obsesión por "no saber a dónde vamos, / ni de dónde venimos...!", como en "Lo fatal" (*Cantos de vida y esperanza*), y el agregado del elemento de la apatía:

> Nuestros padres eran mejores que nosotros, tenían entusiasmo por algo; buenos burgueses de 1830, valían mil veces más que nosotros. [...] Hoy es el indiferentismo como una anquilosis moral; no se piensa con ardor en nada, no se aspira con alma y vida a ideal alguno.[8]

(Nueva York: Simon and Schuster), pp. 15-36. También: Noé Jitrik, *Las contradicciones del modernismo* (México: El Colegio de México, 1978).
[8] En "León Bloy", *Los raros* (Barcelona: Casa Edit. Maucci, 4a. ed. aumentada y corregida, 1907), p. 72.

¿Que ha ocurrido con los proyectos de futuro, la potencia del que se cree encarnación del espírutu de una época? En 1887 José Martí proclama una nueva fe, con el entusiasmo de un Pierre Leroux ensalzando a aquellos que se jugaron por la libertad "para que la humanidad viviera un día la vida nueva cuyo germen ellos entrañaban":[9]

> No de rimillas se trata o de dolores de alcoba, sino del nacimiento de una era, del alba de la religión definitiva y de la renovación del hombre; trátase de una fe que ha de sustituir a la que ha muerto y surge con claror radioso de la arrogante paz del hombre redimido; [...] trátase de reflejar en palabras el ruido de las muchedumbres que se asienta, de las ciudades que trabajan y de los mares domados y los ríos esclavos [XIII, 140-141].

Es cierto que no se puede uniformar el modernismo a partir de Martí. Él, no obstante, también compartió la decepción hacia la vida urbana, como se lee claramente en *Ismaelillo* o en *Versos libres*, por ejemplo. Si los modernistas se caracterizan por su intento de crear espacios de condensación para lo contradictorio —como el símbolo o la crónica—, la diferencia básica de José Martí con los demás está en que él formuló un espacio de resolución también para el antagonismo decepción/futuro, el espacio de la lucha. Escribió:

> Mas ni el fecundo estudio del maravilloso movimiento universal nos da provecho —antes nos es causa de amargos celos y dolores—, *si no nos enciende en ansias de combatir* por ponernos con nuestras singulares aptitudes a la par de los que adelantan y batallan; ni hemos de mirar con ojos de hijo lo ajeno y con ojos de apóstata lo propio; *ni hemos de ceder a esta voz de fatiga y agonía que viene de nuestro espíritu espantado del ruido de los hombres* [VII, 20].

---

[9] Pierre Leroux, "De la loi de continuité qui unit le dix-huitième siècle au dix-septième", *Revue encyclopédique*, t. LVII (marzo de 1833), pp. 480-481.

Para Ángel Rama, el malestar se origina en la inseguridad de una nueva infraestructura económica que "sólo puede alcanzar su propósito de forzar la contribución humana en el trabajo usando la permanente amenaza del desempleo";[10] se originaba en la contradicción entre racionalismo, esperanza y desubicación del hombre ante los cambios y en el cisma entre naturaleza y sociedad; se originaba en el desplazamiento de los modernistas en términos económicos, en el número de lectores, en la quiebra de los modelos venerables y en la imprecisión del marco de valores.

Para Carlos Real de Azúa, "la nueva conciencia de integrar un grupo social de especificidad más marcada que la que antes tenía —esto es: una *intelligentsia* incipiente y a la vez disfuncional a los intereses dominantes de la sociedad— a veces, incluso, sin querer serlo, se tradujo en malestar".[11] Este malestar también tenía que ver con el hecho de que los gobernantes no les deparaban favores a los modernistas por su trabajo poético en sí mismo, sino por su actividad dentro del periodismo oficial, la diplomacia, los negocios, la alta burocracia, la redacción de discursos u otras gestiones especiales.

Como época de marcada transición entre formas de vida, era además inevitable que se intensificaran las pugnas para preservar o imponer el modelo de cada sector social. Había un discurso constructivista y liberal de las nuevas burguesías importadoras, otro discurso (conservador) del patriciado culto que —sin oponerse al liberalismo económico— se anclaba más en el pasado y en el interés de adaptar un modelo nacional; estaban los hacendados y estancieros con sus enunciados ultramontanos. También existía el discurso populista de los caudillos políticos, el de los grupos campesinos que se rebelaban y organizaban ideológicamente en

---

[10] Rama, "La dialéctica de la modernidad en José Martí", pp. 170 y ss.
[11] Carlos Real de Azúa, "El modernismo literario y las ideologías", *Escritura 3* (enero-junio de 1977), pp. 41-76. La cita proviene de la reedición del artículo de Azúa como "Modernismo e ideologías", separata de *Punto de Vista*, año IX, núm. 28 (noviembre de 1986), p. xxxi.

torno de creencias religiosas; intervenía la incipiente politización de un proletariado urbano que heredó a los europeos antes de que se consolidara la industrialización.[12] En el caso de Cuba y Puerto Rico, se hacían evidentes —además de los postulados de cada sector económico con su modelo de desarrollo— el problema de la independencia de España y la cercanía expansionista de Estados Unidos.

Se trataba del enfrentamiento entre lo nuevo/lo viejo y entre discursos heterogéneos, enmarcado por una conciencia cosmopolita que acentuaba los contrastes. Como escribió Martí en 1891:

> Éramos una visión, con el pecho de atleta, las manos de petimetre y la frente de niño. Éramos una máscara, con los calzones de Inglaterra, el chaleco parisiense, el chaquetón de Norteamérica y la montera de España... [VI, 20].

Así que había más de una realidad, más de una ideología. En cuanto a la modernidad como malestar, puede acotarse que en sí era casi consustancial a una élite, cuya singularidad era otra parte del mismo malestar. Aunque este rasgo no estaba completamente establecido en la urbe latinoamericana, no se puede ignorar el hecho de que los modernistas se percibían a sí mismos en una situación similar a la de los escritores europeos del siglo XIX: aislados en una posición intermedia entre las capas incultas y la burguesía. Peor: aunque producían desde esa suerte de desclasamiento, en muchos de los textos más críticos se descubre frustración y culpa por servir de algún modo a los intereses importadores de la burguesía, intermediaria entre las relaciones de poder internas y el capitalismo mundial.[13]

---

[12] Arturo Andrés Roig, *Teoría y crítica del pensamiento latinoamericano* (México: Fondo de Cultura Económica, 1981), cap. XIII.

[13] Cfr. Roig, *Teoría y crítica, op. cit.*, p. 261; Habermas, *Historia y crítica de la opinión pública: la transformación estructural de la vida pública*, trad. A. Doménech (Barcelona: Gustavo Gili, 1981), p. 201.

MARTÍ PROPONE UNA DE LAS CLAVES PARA DESENTRAÑAR EL MAPA DE LAS líneas de fuerza que atravesaban la sensibilidad modernista, más allá de lo explícito en los discursos enunciados:

> Las ciencias aumentan la capacidad de juzgar que posee el hombre, y le nutren de datos seguros; pero a la postre el problema nunca estará resuelto; sucede sólo que está mejor planteado el problema. El hombre no puede ser Dios, puesto que es hombre. Hay que reconocer lo inescrutable del misterio, y obrar bien, puesto que esto produce un positivo gozo, y deja al hombre como purificado y crecido.[14]

El cisma está en un problema epistemológico, en el cruce efectivo de varias sensibilidades, de varios modos del conocimiento. En el texto martiano recién citado conviven la fe liberal en el progreso, la razón, el obrar bien, la perfectibilidad del hombre ("No basta nacer: es preciso hacerse", escribió en sus apuntes [XXI, 40-41]); la moral kantiana como disciplina de la voluntad, sin reducir al utilitarismo el método científico, como Augusto Comte. Está allí la idea de Karl Christian Friedrich Krause de que la belleza expresa el bien y la verdad, la manía redentorista de Saint-Simon y sus discípulos que entendían al poeta como un sacerdote en pos de la armonía.

No obstante, hay que destacar en el párrafo de Martí acerca de la ciencia y de Dios las frases "pero a la postre el problema nunca estará resuelto; sucede sólo que está mejor planteado". El tema es recurrente en este escritor: la humanidad ya no es la de antes "ni sabe cómo es" y el individuo no ha deslindado sus derechos, "ni sabe cómo, ni ante quién ha de vindicarlos" (XXI, 226). La duda es semejante a la de Baudelaire, la que se debate en las contradicciones del pensamiento racional, social, urbano, la que pregunta: "Il court, il cherche. Que cherche-t-il?", y contesta: "Il cherche quelque chose qu'on nous permettra d'appeler la *modernité*".[15]

---

[14] *Sección constante* (Caracas: Imprenta Nacional, 1955), p. 401.
[15] Charles Baudelaire, "Le peintre de la vie moderne" (1863).

Racionalización y subjetividad

SEGÚN MAX WEBER, UNO DE LOS MOTORES DEL PROCESO DE MODERNIzación fue el reemplazo de un sistema de vida con parámetros fijos y preestablecidos por otro donde el destino del hombre está desacralizado y la sociedad se organiza a partir de un concepto: "Que si se quiere se puede, que no hay en principio ninguna fuerza misteriosa e imprevisible que interfiera, que antes bien todas las cosas pueden ser dominadas por el cálculo".[16] Es la racionalización: el dominio sobre la materia, la sistematización de los modos de vida, la secularización.[17]

Aunque ya es tradición aplicar el concepto de Weber al siglo XIX, la certeza acerca del control humano del espacio y la naturaleza se inició varios siglos antes. Puede rastrearse la secularización desde la Reforma durante la Edad Media y —ya de modo notable— en el descubrimiento de América, que alteró dramáticamente las coordenadas del conocimiento; esto significa que en la misma constitución de América Latina (el Nuevo Mundo) está el concepto de modernidad.

La ruptura con la fundamentación de un orden trascendente reivindicaba la realidad social como un orden determinado por los hombres. La idea se afianzó durante el Iluminismo europeo del siglo XVIII, mientras que en América Latina su mejor encarnación tal vez estuvo en el ánimo racionalizador de la escritura posindependentista, justo durante la etapa que precede al modernismo, si es que se pudiera hacer una historia verdaderamente diacrónica del pensamiento.

Si se siguen los postulados de Weber acerca de la identidad de

---

[16] Max Weber, "La ciencia como profesión", en *Ciencia y política,* trad. J. C. Torre (Buenos Aires: Centro Editor de América Latina, 1980), p. 38.

[17] Peter Bürger precisa en su artículo "Literary Institution and Modernization" que el proceso de racionalización "concerns, on the one hand, the faculty to dominate things by calculation, on the other the systematization of world-views and, finally, the elaboration of a systematic way of life". En *Poetics* 12 (1893), p. 419.

la modernización y la racionalización, se podría aventurar la hipótesis de que los modernos en América Latina fueron los escritores de la posindependencia. Para escritores como Sarmiento, por ejemplo, escribir era el modo de consolidar los territorios, las divergencias lingüísticas y una autoridad central: el vacío de discurso provocado por la eclosión del sistema colonial debía ser llenado, civilizado. Escribió: "Nosotros, al día siguiente de la revolución debíamos volver los ojos a todas partes buscando con qué llenar el vacío que debían dejar la inquisición destruida, el poder absoluto vencido, la exclusión religiosa ensanchada".[18]

En la época de Martí y Darío, en cambio, el escritor modernista padece desclasamiento, vértigo, horizontes de lo conocido en perpetuo cambio e inestabilidad. Si se toma en cuenta que Weber teorizó desde la Europa de los albores de este siglo —sus textos fueron coetáneos del modernismo— y se revisa el periodo desde una perspectiva más actualizada, habría que definir la modernidad no sólo por la racionalización. El imperio del método y de la voluntad de sistematizar comenzaron a flaquear a fines de siglo, en pleno apogeo del positivismo; en América Latina es el inicio de otra época, la del derrumbe de las certezas, la de la sospecha. La modernidad a través de la cual se definieron y denominaron los

---

[18] *Recuerdos de provincia* (1843) (Buenos Aires: Sopena, 1966), p. 92. Sarmiento era a la vez educador, estadista y periodista; publicó *Facundo* en 1845 en el diario chileno *El Progreso* y luego en 1851 en forma de libro, haciendo con el texto –dicho sea de paso– el tránsito entre periodismo, proyecto político y literatura sin mayores complicaciones. Además, véase Andrés Bello, *Código Civil de la República de Chile* en *Obras completas* (Caracas, 1954), t. xii; Julio Ramos, "Contradicciones de la modernización literaria en América Latina: José Martí y la crónica modernista", tesis de doctorado, University of Princeton, 1986, publicado como *Desencuentros de la modernidad en América Latina. Literatura y política en el siglo xix* (México: Fondo de Cultura Económica, 1989); N. Poulantzas, *Estado, poder y socialismo*, trad. T. Claudín (México: Siglo XXI, 1979); Rama, *La ciudad letrada* (Hannover: Norte, 1984); Josefina Ludmer, "Quién educa", *Filología*, Buenos Aires, año XX, núm. 1 (1985), pp. 105-116, reproducido en *El género gauchesco. Un tratado sobre la patria* (Buenos Aires: Sudamericana, 1988).

escritores es un enfrentamiento entre la racionalización y el subjetivismo, entre la técnica y la emoción, entre el mito y la invasora cotidianidad, entre el desencanto y la fe en el porvenir; es un deseo de conciliar las contradicciones y los fragmentos de la realidad, un deseo de novedad y ruptura incesante y cosmopolita.

Las vidas y discursos de los modernistas adquieren un viso romántico en plena era de tecnología, absorbiendo por homologación las propuestas estéticas y los modos de percibir la realidad de Gautier, Leconte de Lisle, Victor Hugo, Catule Mendès, Oscar Wilde, Huysmans, Poe, por citar unos pocos. Se convirtieron en una suerte de caja de resonancia donde cabía la cultura occidental, mezclándose con una búsqueda de lo propio, lo más actual y a la vez lo más verdadero de la tradición.

Conviene recordar la reflexión de Octavio Paz acerca de la función histórica del modernismo como "semejante a la de la reacción romántica [europea] en el alba del siglo XIX [y que] su versión no fue una repetición, sino una metáfora: *otro* romanticismo".[19] Fue también una respuesta al positivismo; y más, al utilitarismo que impregnaba las escuelas hispanoamericanas con las ideas de Destutt de Tracy o las de Jeremy Bentham, estas últimas tan oportunas para la burguesía emergente, basadas sobre el principio del mayor placer para el mayor número como criterio moral y legislador.

La comparación del modernismo hispanoamericano con el romanticismo europeo, ya enunciada antes por el mismo Paz en *Cuadrivio*, significa el descarte de la Retórica como institución rectora de la producción literaria. También tiene otras implicaciones culturales: en Europa, el romanticismo fue un movimiento de protesta social, política, religiosa, estética y moral; un momento de tales revisiones en el territorio del pensamiento, que tal vez sería sensato adoptar la propuesta de Highet de llamarla la época revolucionaria en lugar de la romántica.[20]

---

[19] Octavio Paz, *Los hijos del limo* (México: Seix-Barral), pp. 128-129.
[20] Gilbert Highet, *The Classical Tradition. Greek and Roman Influences on Western Literature* (1949) (Nueva York, Oxford: Oxford University Press, 1985), p. 356.

En cuanto al modernismo y en particular en cuanto a José Martí —el primer formulador de la nueva poética—, Gutiérrez Girardot podría coincidir con esta idea del modernismo/romanticismo si se los entiende como movimientos revolucionarios. Dice, apoyándose en Heidegger: "Y en este sentido fue Martí un 'revolucionario' [...] si por revolucionario se entiende que lo esencial (en él) no es 'la transformación', sino que con *la transformación ilumina lo decisivo, lo interpreta, lo piensa, lo considera*".[21] No es ésta una definición que pueda desecharse al pensar sobre el papel de la poética modernista.

Uno de los aspectos decisivos fue la secularización. Pero una secularización extrema; porque el proceso iniciado varios siglos antes se encuentra a fin de siglo con la metáfora de la muerte o la ausencia de Dios. Para los artistas que buscaban un sentido romántico en sus vidas como defensa contra la vulgarización productiva de lo cotidiano, la ausencia de Dios era también el fin de los tiempos, la pérdida de una historicidad superpuesta a la existencia del hombre, las ideas del eterno retorno en contradicción con la certeza de progreso.

La ausencia de Dios fue reemplazada por la búsqueda de una belleza ontológica, capaz de reflejar lo absoluto, lo infinito.[22] La caída de la fe y la búsqueda de totalizaciones armonizadoras son paralelas, como son paralelas la necesidad de buscar la inmanencia en el mundo y la sensación de que los escritores no tenían lugar dentro de las nuevas leyes del mercado de la sociedad.

Escindidos entre la realidad vulgar y el deseo de lo eterno —"el alba del nacimiento de una era"— no se constituyeron exactamente en la "religión definitiva" y redentora a la que aspiraba José Martí. El nuevo hombre fue más bien el anfibio vislumbrado por

---

[21] Gutiérrez Girardot, *Modernismo, op. cit.*, p. 78.
[22] El pitagorismo, el catolicismo y el ocultismo jugaron un papel decisivo. Véase R. Gullón, "Pitagorismo y modernismo", *Mundo Nuevo* 7, 1967: 22-32; y "Espiritismo y modernismo", en *Nuevos asedios al modernismo*, pp. 86-107. En Europa: Hans Hinterhauser, *Fin de siglo. Figuras y mitos*, trad. M. T. Martínez (Madrid: Taurus, 1977).

Hegel en su *Estética*: un anfibio que debía deambular entre las contradicciones, tras una armonía destrozada.

EN EL "PRÓLOGO AL POEMA DEL NIÁGARA", JOSÉ MARTÍ DICE QUE "nadie tiene ya la fe segura" y que en su tiempo

> la vida personal dudadora, alarmada, preguntadora, inquieta, luzbélica, la vida íntima febril, no bien enquiciada, pujante, clamorosa, ha venido a ser el asunto principal y, con la naturaleza, el único asunto legítimo de la poesía moderna [VII, 229].

Al no creer más en una ley absoluta ni en una tradición sagrada, los hombres quedaron a cargo de organizar su convivencia. La experiencia del ser humano de autolimitarse es breve en términos históricos y más en América Latina, tan heterogénea, aún no independizada por completo de la Corona española y aún tratando de descubrir su identidad. El horizonte del mundo conocido cambia vertiginosamente bajo los signos del progreso y hay que buscar principios generales para fundar el orden social; pero todo está sometido a la crítica. La modernidad "es sinónimo de crítica y se identifica con el cambio; no es la afirmación de un principio atemporal, sino el despliegue de la razón crítica que sin cesar se interroga, se examina y se destruye para renacer de nuevo".[23]

El modernista creía que todo, de algún modo, debía tender a una armonía final. Pero ese todo ha entrado en el remolino de la crítica. Ha sufrido —o comenzado a percibir— una ruptura epistemológica: no tiene ya ante su experiencia "cuadros permanentes con todos sus caminos y recorridos posibles [...], [y padece] una alteración irreparable en el saber mismo como modo de ser previo e indiviso entre el sujeto que conoce y el objeto del conocimiento".[24] Foucault afirma que en el siglo XIX se produjo una redistribución

---

[23] O. Paz, *Los hijos del limo*, op. cit., p. 48.

[24] Michel Foucault, *Las palabras y las cosas*, trad. E. C. Frost (México: Siglo XXI, 1968), pp. 246-247.

general de la episteme: "Era muy necesario en estas condiciones que el conocimiento del hombre apareciera, en su dirección científica, como contemporáneo y del mismo género que la biología, la economía y la filología".[25]

Este debate, donde entran tanto el privilegio de las ciencias en sí como la noción de historicidad, más afirmaciones como las de Hegel en su *Estética* acerca de que el arte ha dejado de ser la forma en que se manifiesta la verdad, llevaron a los modernistas a interesarse —efectivamente— en la filología. Siempre en su intento de lograr tanto la legitimación social como la convergencia, leyeron y escribieron sobre la filología, porque les proponía trabajar el lenguaje de un modo que no era el de la simple significación.

Uniendo las ideas de capas, de series, de historicidad, de instrumentalización, escribió José Martí:

> En las palabras hay una capa que las envuelve, que es el uso: es necesario ir hasta el cuerpo de ellas. Se siente en este examen que algo se quiebra, y se ve en lo hondo. Han de usarse las palabras como se ven en lo hondo, en su significación real, etimológica, y primitiva, que es la única robusta, que asegura duración a la idea expresada en ella [XXI, 164].

Los filólogos trataron el lenguaje de manera análoga al trabajo de un biólogo o un arqueólogo, lo cual daba parámetros más acordes con el cientificismo en boga. Además, se consideraba la filología —como lo enunció Renan— "la *science exacte* des choses de l'espirit. Elle est aux sciences de l'humanité ce que la physique et la chimie sont à la science philosophique des corps".[26]

Ante el derrumbe de lo permanente, los escritores modernistas

---

[25] *Ibidem*, p. 257.

[26] Ernest Renan, *L'avenir de la science: Pensées de 1848* (París: Calmann-Lévy, 1890), p. 143. Véase Aníbal González Pérez, "Máquinas del tiempo: temporalidad y narratividad en la crónica modernista", tesis de doctorado, University of Yale 1982, publicado como *La crónica modernista hispanoamericana* (Madrid: J. Porrúa Tarranzas, 1982).

encontraban en la filología un método cientificista de conocimiento; y, al mismo tiempo, se distanciaban de la ciencia, porque rechazaban al racionalismo "como método para resolver los problemas [...], [negando] la aplicabilidad universal de todas las leyes a todas las unidades históricas y sociales".[27] Tuvieron que buscar una nueva noción de verdad en el cruce de las contradicciones y los opuestos, formulando un sistema poético que conciliara la técnica y la emoción, el progreso de la sociedad material y la necesidad de trascendencia.

El cambio de perspectivas trastocó el sistema de representación. El yo insurge como único modo de alcanzar la autenticidad, como bien lo explicó Darío en "Dilucidaciones", en *El canto errante*:

> He meditado ante el problema de la existencia y he procurado ir hacia la más alta identidad. He expresado lo expresable de mi alma y he querido penetrar en el alma de los demás, y hundirme en la vasta alma universal. He apartado asimismo, como quiere Schopenhauer, mi individualidad del resto del mundo, y he visto con desinterés lo que a mi yo parece extraño para convencerme de que nada es extraño a mi yo. [...] He impuesto al instrumento lírico mi voluntad del momento, siendo a mi vez órgano de los instantes, vario y variable, según la dirección que imprime el inexplicable destino.

La nueva literatura descarta —como ocurrió con el romanticismo europeo— la exigencia clásica del arte como imitación de la naturaleza; el solipsismo como punto de partida para la creación es también método para alcanzar el conocimiento del origen, ya que no hay una ley universal. Se ha roto —o ha comenzado a romperse— con un sistema clásico de representación. No se trata en los modernistas de la *imitatio*: el yo sirve también para ordenar de algún modo los discursos entrecruzados entre ciencia, tecnología, filología, erudición literaria y cosmopolita, con-

---

[27] Jorge Aguilar Mora, "El estilo como máscara", en *La divina pareja. Historia y mito en Octavio Paz* (México: Era, 1978), p. 258.

ciliándolos en el "órgano de los instantes". A la individualidad extrema que se consolida en la época, se responde revindicándola como modo de oír lo verdadero a través de lo más auténtico del propio ser.

En esto también tuvo Martí su tinte propio. El mismo que dice "¿Qué habré escrito sin sangrar, ni pintado sin haberlo visto antes con mis ojos?" (XX, 477), o el mismo que llega a iniciar su libro *Versos libres* hablando de versos "como tajos de las propias entrañas", afirma que "la única poesía es durable cuando es obra de todos" (XV, 28). Martí reivindicó la subjetividad creadora unida a la historia: "Hagamos la historia de nosotros mismos, mirándonos en el alma; y la de los demás viendo en sus hechos. Siempre quedará, sobre todo trastorno, la musa subjetiva [...] y la histórica" (XXI, 226). Se abre otro espacio de condensación: el de un yo textual que no es romántico ni anónimo, como bien lo observó Fina García Marruz, sino un yo colectivo que asume en sí que "el hombre es el universo unificado. El universo es el hombre variado" (XXI, 261).[28]

LA AFIRMACIÓN DEL SUBJETIVISMO COMO RECURSO DE AUTENTICIDAD pareciera un contrasentido en una época de fervor tecnológico. Los modernistas incorporan al lenguaje la conciencia de la filología en cuanto "ciencia del lenguaje"; o se mimetizan ya no con la naturaleza sino con modos de producción, de acuerdo con la tesis de Jitrik; o, en su búsqueda de una nueva armonía, incluyen a la par aportes del pitagorismo, el ocultismo y la imaginería católica. Reivindican por un lado la técnica en cuanto conciencia de la escritura y el subjetivismo como método de conocimiento, método que sobrepasa los marcos de la ciencia y se conecta de un modo subterráneo con corrientes del pensamiento contemporáneo. Martí mismo nota:

---

[28] "Los versos de Martí", en *Temas martianos,* escrito en colaboración con Cintio Vitier (Puerto Rico: Huracán, 1981), p. 258.

> Ésta es en todas partes época de reenquiciamiento y de remolde. El siglo pasado aventó con ira siniestra y pujante, los elementos de la vida vieja. Estorbado en su paso por las ruinas, que a cada instante, con vida galvánica amenazan y animan, este siglo, que es de detalle y preparación, acumula los elementos durables de la vida nueva [IX, 325].

Las contradicciones y el desajuste expresados en la cita de Martí conducen a un sistema de representación que tiende a la creación de espacios de condensación, como se ha visto y se desarrollará más adelante. En esta necesidad de síntesis se lee que en el ánimo de construcción de la vida nueva, se incluye también el pasado: de hecho, para fundamentar lo novedoso y lo propio, Martí no sólo leyó los lenguajes que se creaban en Occidente, sino que se adentró en las raíces, excavó en una suerte de origen que eligió dentro del Siglo de Oro español.

Otra de las características de "transición" del modernismo entre dos etapas del conocimiento es su fondo de representación. Esto quiere decir que los modernistas también participaron de modos de percepción similares a los de Marx y Nietzsche. Esos modos son, junto a la revaloración del mundo interior de los individuos, elementos constituyentes del pensamiento del siglo XX.

Marx percibe la desazón ante el cambio que comienza:

> Todas las relaciones fijadas, congeladas rápidamente, con su tren de prejuicios y opiniones venerables y antiguas, son arrolladas, todas las que se acaban de formar se vuelven inadecuadas antes de que puedan osificarse. Todo lo que es sólido se disuelve en el aire, todo lo sagrado es profanado, y los hombres al fin son forzados a enfrentar [...] las condiciones reales de sus vidas y sus relaciones con sus compañeros.[29]

---

[29] *The Marx-Engels Reader*, Robert C. Tucker, ed. (Nueva York, Norton, 1978), pp. 475-476.

Con este juego de imágenes Marx imprime un carácter diferente al antiguo funcionamiento de los opuestos, porque "en nuestros días todo parece preñado de su contrario".[30]

La realidad es irónica y contradictoria. El hombre había construido totalidades para encontrar su propio contexto y sentido dentro de ellas. El autor deja de ser espectador que reproduce lo real tras un concepto universal, para tratar de alcanzarlo desde su propio ser. Y coincide con Nietzsche: "De los sentidos es de donde procede toda credibilidad, toda buena conciencia, toda evidencia de la verdad".[31] Esta tesis podrá palparse en los textos modernistas, hayan o no leído sus autores a Nietzsche.

Los escritores de fin de siglo vivieron realmente una crisis entre dos épocas: ya se han visto las secuelas de la racionalización; falta ampliar y observar más detenidamente el rasgo de la duda (o de la sospecha), lo que acaso marca el inicio o el establecimiento de otra era.

Para proponer un marco de trabajo y de reflexión con respecto a la crónica modernista como elemento de transición hacia este siglo, se pueden utilizar los siguientes parámetros: la era de la duda —por llamar de algún modo a la contemporánea— ya no se define por la racionalización de Weber, ni se orienta tan claramente tras la ilusión de que el progreso social y tecnológico logrará la felicidad del ser humano; el desencanto tiene que ver con la pérdida de referencia de la totalidad, de la fe en el futuro; es la escisión de las representaciones de conjunto, es la diversidad y la heterogeneidad de las racionalizaciones. La experiencia de las multitudes, de la ciencia, de la moral y de los modos de organizar la convivencia que signaron el siglo XIX en una tensión que apostaba a la armonía final, se dispersa y se cuestiona.

En los textos modernistas no sólo se encuentran el deslumbramiento ante la tecnología; se encuentra el desarraigo, que será

---

[30] *Ibidem*, p. 577.
[31] Nietzsche, *Más allá del bien y del mal*, trad. A. Sánchez Pascal (Madrid: Alianza, 5a. ed., 1979), p. 104.

tema central de las teorías de Freud y Heidegger sobre el extrañamiento (lo que no está en su lugar o no tiene patria). Allí también se encuentra la relativización del conocimiento científico que más tarde llevará a Bertrand Russell a postular: "La matemática es la ciencia donde no se sabe jamás de qué se habla, ni si lo que se dice es verdad";[32] a Roland Barthes a pedir una *mathesis singularis*, una ciencia que pase necesariamente por la subjetividad.[33] Allí empieza el cisma que —desde las consideraciones de la fenomenología hegeliana acerca de que la verdadera figura en la cual la verdad existe, no puede ser sino el sistema científico de esa verdad— llega hoy a preguntar qué es un sistema científico y a plantear que *cada* sistema no es sino otro enunciado más, que cada teoría no es sino una actividad de los teóricos.

La ruptura epistemológica se ha comenzado a dar, inaugurando también el conocimiento "moderno" (desde hoy, desde lo contemporáneo): ser parte de una "unidad paradójica", una unidad de la des-unidad que "nos pone a todos dentro de un *maelstrom* de desintegración y renovación perpetua, de batalla y contradicción, de ambigüedad y de angustia".[34]

El espacio de condensación

MARTÍ OBSERVABA QUE "ESTAMOS EN UN TIEMPO DE EBULLICIÓN, NO DE condensación; de mezcla de elementos, de obra enérgica de elementos unidos".[35] *La resolución de un sistema ordenador va a encontrar su espacio en la escritura, como en toda época de crisis.* Acota Laclau:

---

[32] Citado por Cornelius Castoriardis en *Les carrefours du labyrinthe* (París: Seuil, 1978), p. 10.
[33] Barthes, *La chambre claire* (París: Seuil, 1980), p. 5.
[34] Berman, *All That is Solid Melts into Air, op. cit.,* p. 15.
[35] *Obras completas* (La Habana: Trópico, 1963-1965), LXII, 98; en adelante, se señalará esta edición con el nombre, además del tomo y la página.

[la crisis] se traduce en una exacerbación de todas las contradicciones ideológicas y en una disolución de la unidad del discurso ideológico dominante. [...] esta crisis ideológica se traducirá necesariamente en una "crisis de identidad" de los agentes sociales. Cada uno de los agentes en pugna intentará reconstruir *una unidad ideológica vehiculando un "sistema de narración"* que desarticule el discurso ideológico de las fuerzas opuestas.[36]

Según Laclau, una de las formas posibles de solución de la crisis es que una fracción social desarrolle una "interpelación" en todas sus implicaciones y la transforme tanto en una crítica al sistema existente como en un principio de reestructuración del campo ideológico.

Entonces, se hace imprescindible analizar el proceso de formulación del sistema de narración modernista, el modo como llegaron a su unidad de la ruptura.

Se ha hablado hasta ahora de quiebres epistemológicos, de cruces antagónicos, de crisis, de sistemas de narración sintéticos, de dialéctica. Se resume en la idea del *espacio de condensación:* es decir, *una representación única que de por sí conjuga varias cadenas asociativas,* una representación que se encuentra en el punto de intersección de esas cadenas.

Las cadenas asociativas se forman con los recursos del símbolo y de la analogía; tanto la prosa como la poesía modernista tejieron un sistema de correspondencias entre el estado interior y la realidad objetiva. Explicaba Swedenborg:

> Si el hombre conoce las correspondencias entenderá la Palabra en su sentido espiritual y alcanzará el conocimiento de verdades ocultas de las que no descubre nada por el sentido de la letra. Porque en la Palabra hay un sentido literal y otro espiritual.[37]

---

[36] Ernesto Laclau, *Política e ideología en la teoría marxista* (1977) (Madrid: Siglo XXI, 3a. ed., 1986), p. 116. Las cursivas son mías.
[37] Emmanuel Swedenborg, *Heaven and Hell* (Nueva York, 1911), pp. 49-50. Citado

Esta comprensión de la palabra es similar en los simbolistas y los modernistas.[38] Simbolistas como Baudelaire pensaban la sinestesia no como el contacto de la visión interior con lo divino, sino como la conexión de la mente con los sentidos. En los textos se extendió a la palabra un poder similar al de la música: provocar, a través del estímulo sobre un sentido, un plano multisensorial de imágenes; la poesía adquirió la flexibilidad de crear, describiendo una sensación, a la sensación misma.

De esa ambición parte el sincretismo modernista, que incorporó a la expresión literaria procedimientos y técnicas que no sólo pertenecen a la música, sino a la pintura y a la escultura. Martí sostenía que "el escritor ha de pintar como el pintor" (XX, 32); y Gutiérrez Nájera buscaba "presentar un estudio de claroscuro, hacer con palabras un mal lienzo de la escuela de Rembrandt, oponerle luz a la sombra, el negro intenso al blanco deslumbrante".[39]

La incorporación de recursos y tendencias fue múltiple: al presente correspondía una poética que se le pareciera en toda su variabilidad. En los textos modernistas se registra el cosmopolitismo, el idealismo antieconomista, el elitismo y la compasión social, la religiosidad, el hispanismo y los afrancesamientos, la vocación latinoamericanista y antiyanqui, el culto del héroe..., "todo un espectro entre la protesta más agria y la compasión más enternecida".[40] Junto a las estrategias simbolistas, se entremezclan las

---

por Anna Ballakian, *El movimiento simbolista* [1967], trad. J. Velloso (Madrid: Guadarrama, 1969), p. 27.

[38] El símbolo es una ruptura con el "lenguaje en cuanto representa —el lenguaje que nombra, que recorta, que combina, que ata y desata las cosas al hacerlas ver en *la transparencia de las palabras*", como escribió Foucault en *Las palabras y las cosas*, p. 302. El simbolismo busca el discurso equívoco a través de la palabra no usual, el objeto, el paisaje, el mito, el emparejamiento de características abstractas y concretas cuya relación no es evidente, artificios para intentar trascender el sentido directo, para elevar la experiencia limitada del poeta y del lector. Véase Ballakian, *El movimiento simbolista*.

[39] Gutiérrez Nájera, *Obras* (México: UNAM, 1959), p. 317.

[40] Real de Azúa, "Modernismo e ideología", p. x.

impresionistas y hasta las realistas y naturalistas: un surtido que transformó el orden del discurso literario y creó un espacio de síntesis.

Para definir el espacio de condensación es perfecto el modo en que Rubén Darío describe al símbolo: "Como Naturaleza sabia, formas diversas junta".[41] Y es en este sentido, de unir formas diversas, donde los modernistas intentaron —no siempre con éxito— *la dualidad como sistema, la escritura como tensión y punto de encuentro entre los antagonismos*: espíritu/materia, literatura/periodismo, prosa/poesía, lo importado/lo propio, el yo/lo colectivo, arte/sistemas de producción, naturaleza/artificio, hombre/animal, conformidad/denuncia.

Martí mismo viene a apoyar esta tesis acerca de los espacios de condensación, aunque con términos distintos. En efecto, él consideraba su tiempo como analítico o crítico —disgrega sus elementos de un modo dialéctico—, diferenciado de épocas de fe que son "síntesis caprichosas". El espacio de condensación no debe entenderse como síntesis, sino como *encuentro dialéctico* no estático ni resuelto, donde "formas diversas se juntan". Para Martí el movimiento de la crítica a la síntesis es sucesivo, aspirante a una síntesis final; su idea es, coincidencialmente, explicable en términos similares a los de Marx, porque "el genio perfecto es el que con el poder supremo de la moderación co-explica el análisis y la síntesis, sin que ésta prescinda de aquélla ni niegue aquélla a ésta y sube a la síntesis por el análisis" (XXII, 199, 236).

Así como la imagen del centauro es el prototipo simbólico de la dualidad hombre/animal, la crónica se constituye en un espacio de condensación por excelencia, condensación modernista porque en ella se encuentran todas las mezclas, siendo ella *la mixtura* misma convertida en una unidad singular y autónoma.

---

[41] Rubén Darío, "Coloquio de los centauros", *Prosas profanas*.

CAPÍTULO III

LOS ESCRITORES

EL ÁMBITO DE LOS MODERNISTAS ES EL DE LAS GRANDES CIUDADES. Rodeados por provincias patricias y con sabor a pasado colonial, los centros crecieron como núcleos burocráticos, organizados en torno de un sistema de prebendas y prerrogativas ligadas a una autoridad tradicional. Desde las urbes se ejerció el poder civil, comercial y legal, mucho antes de que se hubiera consolidado la industrialización en términos reales.[1]

Algunas ciudades latinoamericanas crecieron de tal modo que, hacia 1890, México tenía casi tantos habitantes como Roma (cerca de 400 000) y Buenos Aires superaba el medio millón de habitantes; mientras, Nueva York llegaba al millón y era, con Chicago, el centro industrial/comercial más importante de la época.[2] La desproporción de estas cifras lleva a explicar a Claudio Véliz que:

> Es evidente que estos habitantes de las urbes no eran ni granjeros ni campesinos; ni tampoco obreros industriales. ¿Qué eran entonces? ¿Cómo se ganaban la vida? La respuesta es simple: se servían los unos a los otros, estaban empleados en el sector servicios o sector terciario de la economía, que incluía tanto al servicio doméstico como a maestros, abogados, dentistas, funcionarios, dependientes de comercio, políticos, soldados, porteros, contadores y cocineros.[3]

---

[1] Véase Tulio Halperín Donghi, *Historia contemporánea de América Latina* (Madrid: Alianza, El Libro de Bolsillo, 6a. ed., 1977), pp. 280-355.
[2] José Luis Romero, *Latinoamérica: las ciudades y las ideas, op. cit.*, pp. 250-259.
[3] Claudio Véliz, *La tradición centralista en América Latina, op. cit.*, p. 230. Sobre el sector terciario: Richard M. Morse, "Recent Research on Latin American Urbanization: A Selective Survey with Commentary", *LARR* 1, núm. 1 (otoño de 1962), p. 38.

De acuerdo con Marcos Kaplan, el origen de este fenómeno está en la confrontación entre el sector urbano y el sector tradicional durante el siglo XIX, con preeminencia de este último. La oligarquía latifundista limitaba "el crecimiento urbano, la integración nacional y la creación de un Estado burgués moderno".[4] Limitaba también el control de la tierra, por lo que hacia los años ochenta de ese siglo los grupos urbanos se abrieron más hacia el campo internacional, y se especializaron en las actividades comerciales, mercantiles y financieras y en la promoción de nuevas líneas productivas y de servicios.

La urbanización hispanoamericana avanzó determinada por el comercio internacional. Europa y Estados Unidos establecieron acciones directas sobre los países donde abundaba la materia prima, debido al propio apogeo de la industrialización, la acumulación de capital, las necesidades provocadas por el desmesurado crecimiento urbano y la lógica del sistema de producción de manufacturas con sus requerimientos constantes de insumos. Así, transformaron la estructura económica latinoamericana invirtiendo capital, instalando —con mano de obra nacional— empresas extranjeras cuyo objetivo era extraer y no elaborar. Las capitales se reformaron, al decir de José Luis Romero, y se llenaron de bancos extranjeros

> y de oficinas en las que despachaban sus asuntos agentes comerciales y financieros de toda laya, unos para comprar o vender, otros para invertir capitales, otros finalmente para especular en cualquiera de los sectores que comprendía la inexplorada economía de cada país. También se llenaron de casas de negocios al por mayor y de tiendas para ventas al menudeo. Y sus calles, sus cafés y sus barrios bajos se llenaron de gentes que con artes diversas medraban con lo que sobraba de tanta riqueza concentrada en lo que era el viejo casco urbano colonial. […] las ciudades que se enriquecían no

---

[4] Marcos Kaplan, *Formación del Estado nacional en América Latina* (Buenos Aires: Amorrortu, 1969), p. 183.

querían la paz (de la vida provinciana) sino el torbellino de la actividad que engendraba la riqueza y que podía transformarse en ostensible lujo.[5]

La concentración económica y demográfica rompió el equilibrio tradicional y la ciudad fue acaparando las decisiones políticas y las estructuras administrativas fundamentales del gobierno. Kaplan agrega:

> La gran ciudad adquiere un peso específico aplastante, en relación con las ciudades medianas y pequeñas, reducidas en número, en tamaño y en importancia. La red urbana se polariza y debilita, y la discontinuidad entre ciudad y campo tiende a intensificarse. Se quiebra el equilibrio entre el Estado nacional, centrado en la capital, y las provincias interiores. El centro metropolitano absorbe riqueza, población, poder [...] y ello refuerza resentimientos y conflictos de todo tipo.[6]

La ciudad estructura otra pirámide social, donde —además de la oligarquía latifundista— la clase dominante se integra con los líderes de la economía y los dirigentes políticos, militares y religiosos. Las capas medias se constituyen con los grupos burocráticos, los militares, los profesionales liberales, los pequeños y medianos industriales, a los que se iba agregando en algunos países la afluencia de inmigrantes.

Los "letrados" de la era patricia iban hacia su extinción como categoría, los políticos comenzaron a encarnar el discurso del Estado y los escritores debieron replantear el modo de inserción de la literatura en una sociedad donde el valor de intercambio en el mercado y la noción de utilidad eran premisas esenciales.

---

[5] Romero, *Latinoamérica, op. cit.,* pp. 247-249.
[6] M. Kaplan, *Formación del Estado nacional, op. cit.,* p. 187.

La redefinición de los discursos

EN EUROPA EL PROCESO DE SEPARACIÓN COMENZÓ DURANTE EL RENAcimiento, en la medida en que se desarrollaba la producción libre para el mercado. La separación se hizo más clara durante el romanticismo, donde el autor —desplazado de su función dentro del poder— asumió su vida desde ese mismo desplazamiento: lo hizo con la actitud de sacerdote del arte, encarnando existencia y obra como un mismo sistema de representación estetizante y problemático. Fuera de la esfera anterior se creó un aristocratismo de la inteligencia, "una representación carismática de la producción y de la recepción de las obras simbólicas",[7] un espacio lector/autor reservado a minorías privilegiadas y cultas.

Sobre la separación del discurso estatal y el literario, Jürgen Habermas explica que el modelo burgués dividió de modo estricto lo que pertenecía al dominio privado y al público. Se estableció una esfera mediadora entre las necesidades de la sociedad y el Estado (los políticos, los burócratas); esta esfera permitía "la mediación de otras personas privadas en el uso político de su razón".[8] Tanto los escritores como la prensa pasaron a formar parte del mercado de bienes culturales. Según Habermas —quien refiere sus conclusiones a la Europa de mediados del siglo pasado—, por un lado estaba el poder (el Estado) y por otro la esfera pública; así, la esfera pública literaria estableció sus premisas e instituciones en los cafés, los salones, las reuniones de los *habitués*.

Hacia la misma época, la esfera pública practicaba en América Latina hábitos parecidos. Pero —según los datos de Romero, vitales para comprender el papel que desempeñará luego el escritor modernista— los discursos no estaban separados: "el literato-periodista era un portavoz de la pequeña comunidad a quien todos

---

[7] Pierre Bourdieu, *Campo del poder y campo intelectual*, trad. J. Dotti y M. T. Gramuglio (Buenos Aires: Folios, 1983), p. 14.

[8] Jürgen Habermas, *L'Espace Public. Archéologie de la publicité comme dimension constitutive de la société bourgeoise*, trad. M. B. Launay (París: Payot, 1986), p. 184.

conocían y de quien todos esperaban el argumento o la glosa, en contra o en favor de la cuestión palpitante de cada día".[9] Lo que sí estaba presente —décadas antes del modernismo y de la urbanización— era la pasión cosmopolita y cultural:

> No faltaba en la más frecuentada calle de cada capital una librería a la que llegaban los libros extranjeros más solicitados por los curiosos y por los *snobs*. Allí se reunían también tertulias literarias en las que se encontraban los que leían los mismos libros y seguían asiduamente a los mismos autores. Eran los que se encontraban en el teatro, en las redacciones de los periódicos, en el congreso. Política y literatura eran inseparables en la ciudad patricia.[10]

Cuando el comienzo de la violenta urbanización en este hemisferio inició la separación del discurso político y la literatura, los herederos de la "sociedad de aristócratas humanistas" tuvieron que buscar un discurso propio y romper los lazos —como diría Habermas— con la declinante esfera pública de la *Cour*.

La teoría de Habermas es útil para entender el ámbito finisecular, aunque conviene hacer algunos deslindes para ubicar la función social de la crónica modernista. En primer lugar, la teoría de la separación del Estado con su papel vigilante y la legitimación de una acción social en el nivel económico a través de una ideología de intercambio, sólo se aplica con exactitud a Inglaterra durante un breve periodo del siglo XIX. Habermas omite, por otra parte, que en la verdadera naturaleza de la vida política participan diferentes fuerzas, en permanente rearticulación incluso de los límites de las instituciones oficiales. Es innegable que en la definición de los valores (seguridad nacional, beneficios, crecimiento) intervienen otras formas de interacción social como la tecnología, las diversas prácticas simbólicas y otros tipos de instituciones.[11]

---

[9] Romero, *Latinoamérica, op. cit.,* p. 246.
[10] *Ibid.,* p. 246. Cursivas en el original.
[11] La Capra, *Rethinking Intellectual History, op. cit.,* p. 159.

Si se adaptan las categorías de Habermas a las condiciones concretas de época y lugar, es claro que en América Latina lo que se inició a finales del siglo XIX fue la tendencia a la especialización de los discursos, como lo indican las referencias de Kaplan, Véliz y Romero. Pedro Henríquez Ureña afirma que en la sociedad finisecular tuvo lugar

> una división del trabajo. Los hombres de profesiones intelectuales trataron de ceñirse a la tarea que habían elegido, y abandonaron la política... Y como *la literatura no era en realidad una profesión, sino una vocación,* los hombres de letras se convirtieron en periodistas o en maestros, cuando no en ambas cosas.[12]

Es importante rescatar, en este camino de deslindes, las nociones de separación discursiva, profesión y vocación en relación con la literatura. Estas nociones fueron determinantes en la construcción de una estética y fuente de más de una mala interpretación sobre las características del modernismo.

Otro punto a destacar y que se aleja del esquema de Habermas, es que en América Latina la diferenciación discursiva no significó que los escritores abandonaran los temas políticos. Están los ejemplos concretos de los textos de Darío, José Asunción Silva, Manuel Díaz Rodríguez, José Juan Tablada, José Santos Chocano, Leopoldo Lugones, Guillermo Valencia, Julio Herrera y Reissig. Incluso muchos modernistas participaron plenamente en la política: desde José Enrique Rodó y Baldomero Sanín Cano hasta José Ingenieros y Alcides Arguedas, por citar unos pocos.

El cambio para la generación del novecientos y autores militantes como Martí y González Prada fue que la literatura en cuanto tal, en efecto, se desligó de lo que Habermas llama "publicidad" de la superestructura jurídico-política o *res publica* para "cuidar del bien común, […] [a través de] una representación pública del

---

[12] Pedro Henríquez Ureña, *Las corrientes literarias en la América Hispánica*, trad. J. Díez-Canedo (México: Fondo de Cultura Económica, 1949), pp. 164-165.

dominio".[13] La escritura se inclinaba hacia una práctica opuesta a los predicados del Estado.[14]

Aun así, muchos de los ensayos modernistas mantuvieron la autoridad política de la representación literaria: un buen ejemplo es *Nuestra América* de Martí. Otros textos, al servicio del discurso estatal —como los inspirados por el "americanismo" de la poesía de Rubén Darío y su canto "A Roosevelt" (1904), o *La guerra gaucha* (1905) y *Las odas seculares* (1910) de Leopoldo Lugones—, encontraron su eficacia en la esfera del prestigio más que dentro del poder real.

Rodó explica en una carta:

> Quizá no es usted ajeno a esta fatalidad de la vida sudamericana que nos empuja a la política a casi todos los que tenemos una pluma en la mano. Y yo no considero esto enteramente como un mal. Todo está en que no nos dejemos despojar de nuestra personalidad.[15]

Describe así como "fatalidad" una realidad donde se percibe la escritura dentro de una esfera que no debería estar contaminada y, a la vez, una realidad donde "los que tenemos la pluma en la mano" participan de la política. Lo importante es la advertencia final de Rodó: hay que defenderse de que tal situación los despoje de su "personalidad", vale decir, de la autonomía creadora en el momento de escribir literatura.

---

[13] Habermas, *Historia y crítica de la opinión pública, op. cit.*, pp. 42-64. Sobre la diferencia entre la superestructura estatal y las prácticas políticas como lucha de clases, véase Nicos Poulantzas, *Pouvoir politique et classes sociales*, I (París: Maspero, 1968).

[14] Habermas explica en el mismo ensayo que: [La publicidad vuelve] a adquirir una aplicación técnico-jurídica efectiva por vez primera con el nacimiento del Estado moderno y de la esfera, separada de él, de la sociedad burguesa; sirve a la autocomprensión política al igual que a la institucionalización jurídica de una sociedad civil burguesa en el sentido específico de la palabra.

[15] José Enrique Rodó en carta a Baldomero Sanín Cano, *Obras completas* (Madrid: Aguilar, 1977), pp. 1374-1375.

Pese a los testimonios acerca de la especialización profesional, los modernistas desempeñaron una variada gama de ocupaciones. Martí fue periodista, abogado, maestro, contador, traductor, orador, activista político, editor, cónsul de Argentina y Uruguay y profesor universitario de filosofía, letras y leyes; Darío fue profesor de gramática, bibliotecario, inspector de aduana, periodista y corresponsal en el extranjero, secretario privado de la Presidencia de Nicaragua y cónsul de Colombia; Del Casal fue burócrata, periodista y estudiante de leyes; Silva, diplomático y comerciante. La categoría de "letrado" aún servía para obtener en el mercado de trabajo más de un cargo, vivido por los modernistas como meras obligaciones marginales que les proveían el sustento económico. Como dice Rama:

> Lo que el poeta abandona es la multiplicidad de funciones que justificaban y explicaban, *más allá de la excelencia artística posible de sus obras,* su lugar en la vida social y su papel histórico dentro de una determinada comunidad tradicional.[16]

La poesía sí ocupó un lugar bien diferenciado, y especialmente del área comercial. Como se quejaba Martí: "Los negociantes —que son ahora de las dos castas amigables [...] de financieros y políticos— ríen a solas de las grandes virtudes de la gran palabra, de la gran poesía [...] pues hay viles que poseen esas majestades, o la apariencia de ellas, y las venden". Para los modernistas, por lo tanto, lo rentable y lo poético estaban divorciados. Así, obligados también a definir una esfera puramente literaria, encontraron que la categoría de lo estético les era esencial.

LA SOCIEDAD URBANA FUNCIONABA EN TORNO DEL DINERO Y LA UTILIDAD. Ruines tiempos, los llamaba José Martí, porque en ellos, decía,

---

[16] Ángel Rama, *Rubén Darío y el modernismo, op. cit.,* p. 45; las cursivas son mías. Véase también *El escritor y la industria cultural: el camino hacia la profesionalización,* ed. Jorge Rivera (Buenos Aires: Centro Editor de América Latina, 1980).

"no priva más arte que el de llenar bien los graneros de la casa, y sentarse en silla de oro y vivir todo dorado" (VII, 223).

Desde ese eje, el criterio acerca del arte que prevalecía a fin de siglo era, como escribía Eduardo Wilde, "una enfermedad de la inteligencia, un estado normal del pensamiento, [...] que tiene la utilidad del lujo".[17] La literatura pasó a ser comprendida como un objeto propio del ocio y el placer, un lujo destinado a las élites cultas.

El arte también iba a desempeñar una función social de otro calibre. Ya que la literatura no tenía que ser forzosamente un vehículo de racionalización nacional, su papel fue entonces el de "instrumento moralizador para contrarrestar con belleza —a través de la educación, por ejemplo— el materialismo, el vacío y la amoralidad acarreados por los modos de vida monetarizados".[18]

Se tenía ya la idea de que el hombre moderno, convertido en "animal laborans", había sido despojado de algo. Tanto los sistemas de necesidades implantados por la filosofía convertida en cientificismo, como la moral estratégico-utilitarista, marginaban ese "algo" que Habermas llama "necesidades residuales". La función del arte —descontando su valor como mercancía en el mercado— se definió entonces como vehículo suplidor de los sentimientos nobles o trascendentes, la naturaleza, la espontaneidad, la convivencia no egoísta, felicidades ausentes del trabajo cotidiano. El arte debía servir para "elevar los pensamientos, ennoblecer el espíritu, [...] [defender a] las víctimas de la racionalización burguesa".[19]

---

[17] Eduardo Wilde, "Sobre poesía" (1870), compilado como *Tiempo perdido* (Buenos Aires, Jackson, s. f.).
[18] Cfr. N. Piñero y E. L. Bidau, *Historia de la Universidad de Buenos Aires*, en *Anales de la Universidad de Buenos Aires*, I (Buenos Aires: Imprenta Martín Biedma, 1888), p. 290; o Martín García Merou, "La atmósfera de los grandes diarios", en *Recuerdos literarios* (Buenos Aires: La Cultura Popular, 1937).
[19] Jürgen Habermas, *Problemas de legitimación en el capitalismo tardío* (Buenos Aires: Amorrortu, 1975), pp. 99-100.

José Martí escribió:

> ¿Quién es el ignorante que mantiene que la poesía no es indispensable a los pueblos? Hay gente de tan corta vista mental, que cree que toda fruta acaba en la cáscara. La poesía que congrega o disgrega, que fortifica o aflige, que apuntala o derriba las almas, queda o quita a los hombres la fe y el aliento, es más necesaria a los pueblos que la industria misma, pues ésta les proporciona el modo de subsistir, mientras que la poesía les da el deseo y la fuerza de la vida. ¿A dónde irá un pueblo de hombres que hayan perdido el hábito de pensar con fe en la significación y el alcance de sus actos? [XIII, 141-142].

Para José Martí el arte tenía como función no el alivio, sino el contagio de búsquedas trascendentes y el conocimiento. Para José Enrique Rodó "el sentimiento de lo bello, la visión clara de la hermosura de las cosas [...], [sirve para] formar un amplio y noble concepto de la vida";[20] sin embargo, a diferencia de Martí, en *Ariel* la cultura de los sentimientos estéticos y el amor a la belleza tienen "suficiente valor para ser cultivados por sí mismos".

La función social del arte era elevar el espíritu y los pensamientos: aislarse de lo cotidiano, preservar modos de felicidad no material, proponer estímulos o ilusiones compensatorios. En líneas generales, el arte debía ocupar el lugar de "un refugio privado, una posibilidad de trascender la función social a la que el individuo se hallaba reducido como consecuencia de la división del trabajo".[21]

Separados de la comercialización y el monetarismo, los modernistas coincidieron con este principio y con el postulado román-

---

[20] J. E. Rodó, *Ariel*, en *Obras completas*, ed. E. Rodríguez Monegal (Madrid: Aguilar, 1957), p. 213.

[21] Max Horkheimer, *Teoría crítica*, trad. J. del Solar (Barcelona: Barral, 1973), p. 117. La reflexión es un desarrollo de la teoría de J. M. Guyau, en *L'art au point de vue sociologique*, donde ya se entiende al arte como un elemento de resistencia a la vulgarización.

tico alemán de que el artista tenía algo de sacerdote de un elevado templo interior, de que arte y belleza también valían por sí mismos. En busca de lo puro, se acercaron a una forma de belleza no "contaminada" de realidad. Como escribió José Asunción Silva: "Llaman *la realidad* todo lo mediocre, todo lo trivial, todo lo insignificante, todo lo despreciable. [...] ¡La realidad! ¡La vida real! ¡Los hombres prácticos!... ¡Horror! Ser práctico es aplicarse a una empresa mezquina y ridícula".[22]

Los modernistas hispanoamericanos conocieron las obras románticas y la importante producción que estaba ocurriendo en la Europa de la época. Allí reinaba el culto casi religioso del parnasianismo hacia la poesía, y las teorías acerca de la autonomía del lenguaje poético ocupaban a simbolistas como Valéry, Mallarmé y Baudelaire, autores citados en los textos modernistas. Este mundo de imaginación estaba impregnado del concepto kantiano sobre la universalidad de lo sublime y de la fusión verdad/bien/belleza postulada tanto por el krausismo como por los trascendentalistas norteamericanos de la primera mitad del siglo XIX, en especial Ralph Waldo Emerson.[23]

---

[22] Silva, *Obra completa* (Medellín: Bedout, 1980), p. 227.
[23] Los modernistas conocieron la traducción hecha por Alejo García Moreno en 1870 de *Los mandamientos de la humanidad, o la vida moral en forma de catecismo según Krause, por G. Tiberghien, profesor de la Universidad Libre de Bruselas*, donde se afirma que: "En sus relaciones con la sociedad, como en las que tiene con la Naturaleza, no es la misión del arte copiar los defectos, cantar las costumbres reinantes, sino idealizar la vida humana. De otro modo su influencia será deplorable en las épocas de decadencia: en lugar de elevar las almas, las abatirá; en vez de depurar las costumbres, acabará por corromperlas, poetizándolas y legitimizándolas. Es necesario que el arte, lejos de seguir el torrente, reobre contra la depravación". Véase también Pedro Aullón de Haro, "La construcción del pensamiento crítico literario moderno", en *Introducción a la crítica literaria actual* (Barcelona: Playor, 1984), pp. 19-82; Pedro A. de Alarcón, "Discurso sobre la moral en el arte", en *Obras completas* (Madrid: Fax, 1950); Urbano González-Serrano, "Consideraciones sobre el arte y la poesía", en Juan López-Morrillas, *Krausismo: estética y literatura* (Barcelona: Labor, 1973), pp. 207 y ss.

Enterados de todas estas corrientes de reflexión gracias a las facilidades de comunicación y del flujo en la información que deslumbró a su época, los modernistas hispanoamericanos hicieron suyos los puntos de partida para la autonomía del discurso literario. Mas no lo hicieron al extremo de Flaubert, por ejemplo, quien ansiaba escribir un libro "sobre nada", donde la belleza no tuviera conexiones con lo exterior, donde la fuerza interna del estilo fuera "de por sí una manera absoluta de ver las cosas".[24] De hecho, no hay que olvidar que el exquisito protagonista de *De sobremesa*, quien repudia con horror la esfera de lo práctico, es a la par un negociante próspero con planes políticos y económicos para el desarrollo nacional; el mismo Darío llegó a retractarse por su aislamiento en *Cantos de vida y esperanza*: "la torre de marfil tentó mi anhelo, / quise encerrarme dentro de mí mismo, / y tuve hambre de espacio y sed de cielo, / desde las sombras de mi propio abismo".

Y Martí negó siempre la condición de arte a lo meramente formal, al abuso de palabras ostentosas, a los adjetivos huecos. Porque el verso debía decir lo mismo que el pensamiento y "salir entero del horno, como lo dio la emoción real". Para él, además, el escritor tenía una misión clara:

> lo que ha de hacer el poeta de ahora es aconsejar a los hombres que se quieran bien, y pintar todo lo hermoso del mundo de manera que se vea en los versos como si estuviera pintado con colores, y castigar con la poesía, como con un látigo, a los que quieran quitar a los hombres su libertad, o roben con leyes pícaras el dinero de los pueblos, o quieran que los hombres de su país les obedezcan como ovejas y les laman la mano como perros. Los versos no se han de hacer para decir que se está contento o se está triste, sino para ser útil al mundo, enseñándole que la naturaleza es hermosa... [XVIII, 349].

---

[24] Gustave Flaubert, *Correspondance*, carta a Louise Colet, 16 de enero de 1852 (citada por Bourdieu, p. 29).

A la vez, esta suerte de militancia con los valores morales no significaba renunciar a las búsquedas estéticas o formales. Para Martí era obvio que "el lenguaje ha de ser matemático, geométrico, escultórico. La idea ha de encajar exactamente en la frase, tan exactamente que no pueda quitarse nada de la frase sin quitar eso mismo de la idea" (XXI, 225). Cada sentimiento debía tener su propio color, cada pensamiento su vocablo preciso; así, "cada emoción tiene sus pies, y cada hora del día, y un estado de amor quiere dáctilos, y anapestos la ceremonia de bodas, y los celos quieren yambos. Un juncal se pintará con versos leves, y como espigados, y el tronco de un roble con palabras rugosas, retorcidas y profundas" (V, 191-192). Es que uno de los rasgos que califican a Martí como poeta modernista es, justamente, lo que ha llamado José Antonio Portuondo "la voluntad de forma modernista" y la idea de que lo sublime es la esencia de la vida.[25]

Entonces, cuando se habla de "arte puro" o de la adoración por la forma, no debe entenderse —en el caso de los modernistas hispanoamericanos— amor a la teoría del arte por el arte como la más alta forma de sabiduría, sino énfasis en la autonomía del lenguaje poético. Por "autonomía del lenguaje poético" debe entenderse una definición de su capacidad para evocar respuestas: primero, la percepción de la belleza, luego la pura contemplación del texto sin consideraciones externas, finalmente la valoración del modo en que fue construido.

"Yo persigo una forma...", decía Darío. Uno de los significados comunes de la *forma* para los modernistas fue ser instrumento para la revelación. Porque tras la belleza estaba el ansia de la totalidad cósmica, una suerte de religiosidad profana y a la vez creyente en el "ritmo de la inmensa mecánica celeste" —como anotaba el mismo Darío en *Prosas profanas*—, creyente en una ley armónica que explicara el mundo no como "una serie de actos separados

---

[25] Antonio Portuondo, *Martí, escritor revolucionario* (La Habana: Editora Política, 1982).

por catástrofes, sino como un acto inmenso elaborado por una incesante obra de unión".[26]

Alejándose del utilitarismo, se acercaron de otro modo a la sociedad, a la cultura, a los matices de las palabras, tratando de reencontrar una armonía, un sentido perdido. Escribió Gutiérrez Nájera:

> Lo bello es la representación de lo finito en lo infinito; la manifestación de lo extensivo en lo intensivo; el reflejo de lo absoluto; la revelación de Dios... Lo bello tiene que ser necesariamente ontológico: es lo absoluto, es Dios.[27]

Y agrega: Si lo bello es Dios, el escritor fue su sacerdote:

> Dios, que se revela en las sublimes creaciones del poeta, en las dulces melodías de la música, en los lienzos que con magnífico pincel traza el artista, y en las gigantescas moles que levanta el genio creador del arquitecto. Valiéndonos de una fórmula matemática, pudiéramos decir que la belleza es al artista como la perfección espiritual es al santo; el anhelado término, la suprema recompensa, la idea sublime.

Así, "el verso es vaso sagrado", como escribía José Asunción Silva, y el poeta —profano— rozaba la esfera de lo divino, como en el "Responso" a Verlaine de Rubén Darío. Emparentados con fourieristas y saintsimonianos, encontraron un lugar lejos del comercio: el de erigirse en espíritus anunciadores del futuro, críticos de los vicios de la sociedad burguesa e inclinados hacia el logro de una plenitud final. En general podían referirse al presente disociándose del pasado reciente; acrecentaron la imaginación visual, la cercanía con la naturaleza y las referencias a la mitolo-

---

[26] M. P. González e I. Schulman, *José Martí, esquema ideológico* (antología) (México: Cultura, 1951), p. 313.

[27] "El arte y el materialismo", en Ricardo Gullón, *El modernismo visto por los modernistas* (Barcelona: Guadarrama, 1980), p. 165.

gía, todo tamizado por sus propias ambivalencias como católicos en la era de la secularización y el cosmopolitismo.[28]

No se trataba, entonces, de arte vacuo o sin destino, sino de un hálito palingenésico, precursor. Con el ánimo de armonizar las contradicciones de su época, recurrieron al símbolo que, "como Naturaleza sabia, formas diversas junta", según la expresión de Darío en "Coloquio de los Centauros". Identificados con el ideal del bien y la belleza, crearon prosa y poesía con lujo y esplendor, tratando al lenguaje como una joya. Y a su mundo interior, como un reino. Escribió Darío, también en *Prosas profanas y otros poemas*:

> La gritería de trescientas ocas no te impedirá, silvano, tocar tu encantadora flauta, con tal de que tu amigo el ruiseñor esté contento con tu melodía. Cuando él no esté para escucharte, cierra los ojos y toca para los habitantes de tu reino interior.

Los modernistas se sentían tan alejados de las "trescientas ocas", tan distintos del entorno burgués, que optaron por introducirse como personajes de sus propias narraciones, produciendo "la novela de artistas" al estilo europeo; ejemplos de esta tematización son *Amistad funesta* (1885) de José Martí, *De sobremesa* (1887-1896) de José Asunción Silva, *Ídolos rotos* (1901) de Manuel Díaz Rodríguez, y los cuentos de "El rey burgués" y "El velo de la reina Mab" de *Azul* (1888) de Rubén Darío.

---

[28] La dualidad entre la mujer pura y la satiresa, como diría Darío, es una herencia modernista. En el caso de Martí la idea del hombre está más cerca del sacrificio redentor cristiano que de la bondad natural a lo Rousseau. Son innegables las marcas del catolicismo en los modernistas, aunque su actitud fue antiinstitucional y secular; "lo más recio de la fe del hombre en las religiones es su fe en sí propio", escribió el cubano. Estas formulaciones coinciden con los postulados del positivismo como religión de acuerdo con Auguste Comte y Pierre Laffitte.

Ambivalencias y contradicciones modernistas

Rubén Darío cita a Leonardo: "Y si estás solo, serás todo tuyo". Su voz va fabricando en el texto un lugar de representación privado, "como refugio y sobre todo como reserva", encerrándose en su interior; clamando, a la par, por abrirse paso a la comprensión cósmica.[29]

Además de esa contradicción entre representar lo privado y lo cósmico —una expresión de los opuestos que tanto les fascinaron—, el espacio que se reservaban los poetas coincide con el *interieur* burgués tan aparentemente despreciado por los modernistas.

> Para la persona privada, el espacio de vida entra en contraposición por primera vez con el lugar de trabajo. El primero se constituye en el interior; la oficina es su complemento. El burgués, quien en la oficina tiene en cuenta la realidad, pide del interior que lo distraiga en sus ilusiones. […] Para el individuo privado, el espacio privado constituye el universo. En él reúne lo lejano y el pasado. Su salón es el teatro del mundo.[30]

De modo tal que, buscando lo sublime y lo no contaminado, los poetas tendieron a reproducir algunas condiciones de la vida burguesa: distraerse de la realidad, recrear el universo en la fantasía individual.[31] Ahora bien, aunque esta reproducción no era necesariamente servil —los modernistas se opusieron a los nuevos valores— se expresaron a través de los mismos elementos decorativos que imponía la élite importadora, es decir, refinamiento, moda, imágenes lujosas y exóticas, acumulación.

---

[29] Silvia Molloy, "Voracidad y solipsismo en la poesía de Darío", *Sin Nombre*, XI, núm. 3 (octubre-diciembre de 1980), p. 9; Octavio Paz, *Cuadrivio* (México: Joaquín Mortiz, 1965).

[30] "Paris, Capital of the Nineteenth Century", *Reflections*, trad. E. Jephcott (Nueva York: Schocken Books, 1986), p. 154.

[31] Cfr. Louis Althusser, *Ideología y aparatos ideológicos de Estado. Freud y Lacan* (1964), trad. A. J. Plá y J. Sazbón (Buenos Aires: Nueva Visión, 1988), p. 9.

A esto se sumó su crítica a la vulgaridad, expresada a través de un refinamiento sensible. Este conjunto de características fue confundido con el aristocratismo apresurado, ostentoso y ornamental de la burguesía a la que tanto despreciaban.

Ésta es una de las contradicciones que aparecen en su escritura. Como se vio en el capítulo anterior, en la época reina la inestabilidad, la transición, la sensación de que cada cosa está preñada por su contraria. La transición entre la sociedad rural y una urbana —distinta en la historia de cada país y aún no completada— implicaba también la dialéctica entre lo tradicional degradado y lo moderno, emergente, conflictivo e inestable. Dice Kaplan:

> La oligarquía rural [...] manifiesta su desprecio por el trabajo manual, la técnica, el comercio, la industria, el riego, la aplicación económica directa, el mercado interno. La cultura es considerada como [...] indigna de interés y protección, salvo sus formas superficiales y de ornato. [...] la oligarquía agrega un sentimiento localista, un patriotismo de campanario que tiende al aislamiento y desconfía de las innovaciones. [...] Las élites y capas medias letradas de las ciudades asimilan en parte las pautas culturales-ideológicas de la aristocracia rural, pero también ejercen sobre ésta una influencia de sentido modernizante y europeizante.[32]

Por otra parte, los escritores modernistas ocuparon un lugar social estructuralmente contradictorio. Aunque por parentesco, estilo de vida o acceso a los conocimientos pertenecieran a la clase culta y dominante, no tenían lugar concreto en la oligarquía minera, agropecuaria o industrial, ni en la cumbre de la pirámide social urbana liderada por el comercio, la Iglesia o los militares.

Bourdieau explica la situación de los escritores finiseculares europeos con "una imagen ambigua de la propia función social":[33] no pertenecen a la oligarquía ni a las clases populares, su

---

[32] M. Kaplan, *op. cit.*, p. 195.
[33] P. Bourdieau, p. 23.

indefinición es característica de la capa media urbana en la que se ven incluidos. Pero también son instrumento: la clase dominante encuentra su legitimación en las elaboraciones intelectuales irradiadas desde la cultura, la prensa y la educación, desde donde se atrapa el consenso de las mayorías en cuanto a concepción del mundo.[34]

Pese a que la idealización del arte partía de un cuestionamiento social, es innegable que a la vez pudo favorecer a la clase dominante. Como escribió Calixto Oyuela, uno de los críticos más prestigiosos en la época: "para nada es menester mayor elevación de espíritu, más exquisita cultura, que para la contemplación y goce de lo bello";[35] es decir que tener acceso a la "exquisita cultura" era requisito para comprender "lo bello", separado sin lugar a dudas de "lo ordinario" (el trabajo mecánico o manual).

Tener acceso a la cultura significaba pertenecer a una cierta minoría. Los modernistas no escribieron poemas para el "gran público". Así, de no haber sido por el espacio que ocuparon con sus crónicas en los periódicos, se hubieran limitado a producir para la élite. Las crónicas abrieron una brecha clave en el esquema de producción y recepción, una ruptura con lo que parecía destinado al placer y el lujo exclusivamente.

La sociedad burguesa reconoció, en principio, la función moralizadora del arte. Pero, en la práctica, la poesía ocupa un espacio minúsculo y marginal. Hay numerosos testimonios de cuán reducidas eran las ediciones de los libros modernistas y cuán dificultoso encontrar quién se los publicara. Por ejemplo, Darío escribió en su *Autobiografía*, recordando su experiencia en Buenos Aires:

> Cuando yo viví allí, publicar un libro era una obra magna, posible sólo a un Anchorena, a un Alvear, a un Santamarina: algo como com-

---

[34] M. Kaplan, p. 196.
[35] "Programa" del primer número de la *Revista Científica y Literaria*, Buenos Aires, agosto de 1883; en *Las revistas literarias*, ed. H. R. Lafleur y S. D. Provenzano (Buenos Aires: Centro Editor de América Latina, 1980), p. 19.

prar un automóvil, ahora, o un caballo de carrera. Mis *Raros* aparecieron gracias a que pagaron la edición Ángel de Estrada y otros amigos; y *Prosas profanas*, gracias a que hizo lo mismo otro amigo, Carlos Vega Belgrano. ¿Editores? Ninguno.[36]

La marginación de los poetas modernistas del mercado de libros era clara: por ejemplo, aun en el caso de un escritor tan apoyado por las esferas oficiales como Leopoldo Lugones, el público no respondió a sus publicaciones; así, los 1 000 ejemplares de *La guerra gaucha* debieron ser comprados en su totalidad por el Ministerio de Guerra, el de Instrucción Pública y el Consejo de Educación.

Esta distancia entre escritores y público no es atribuible a una sociedad que no consumía literatura, puesto que la situación era muy otra para los autores que hicieron una apuesta de escritura más referencial: Miguel Cané agotó en pocos días una edición de más de 1 000 libros de *Juvenilia*, una novela de Cambaceres vendió una de 2 000 en una semana y *Juan Moreira* de Gutiérrez en 1902 "había dejado atrás los famosos 62 000 ejemplares de *Martín Fierro*".[37]

El dato de la venta es significativo, porque no sólo es índice de los caprichos del mercado. Lo interesante es que revela otras modalidades de escritura y de inserción social bien concretas, importantes tanto en la época como dentro de la historia literaria y no sólo por su eventual bestsellerismo finisecular: el naturalismo, el realismo, la novela histórica, el criollismo, el indigenismo.

Para comprender mejor las expresiones de la poética modernista, entonces, debe ubicárselas en su contexto cultural coetáneo, que no era sólo el de las influencias de la literatura europea, como se insiste en ver. Esto significa tener siquiera presente que a la par de estos escritores que se sentían al margen —y que asumieron en América Latina la primera puesta en práctica de una literatura con

---

[36] Citado por Adolfo Prieto en *El discurso criollista en la formación de la Argentina moderna* (Buenos Aires: Sudamericana, 1988), p. 50.
[37] *Ibid.*, pp. 50-51.

valor propio como lenguaje y no dependiente de la referencialidad—, se produjo un conjunto de obras tan significativas y radicalmente diferentes en la comprensión de lo literario como *Aves sin nido* de Clorinda Matto de Turner, *Gaucha* de Javier de Viana, *Los bandidos de Río Frío* de Manuel Payno, *El Zarco* de Ignacio Manuel Altamirano, *La gran aldea* de Lucio Vicente López, *La parcela* de José López Portillo, *Santa* de Federico Gamboa, *En la sangre* y *Sin rumbo* de Eugenio Cambaceres, *Beba* de Carlos Reyles o *La charca* de Manuel Zeno Gandía. La relación de todas estas obras con la sociedad —en la misma época— ocupa un campo de posiciones estéticas o ideológicas bien diverso; estas posiciones están sin duda presentes tácitamente en la escritura modernista, entendida —como toda literatura— también como una respuesta o un combate contra la tradición y sus pares.[38]

Rivera sostiene que a lo largo del siglo XIX coexistían, tanto en Europa como en el Río de la Plata, "por lo menos cuatro líneas de juicio en relación con la temática interdependiente de la industria cultural, la democratización de la cultura impresa, la condición hipotéticamente 'profesional' del escritor, los contenidos posibles o deseables de la literatura y el advenimiento de una nueva capa de lectores".[39] Estas líneas serían: la elitista (heredera de las tradiciones grecolatinas y del humanismo renacentista), la marginal (almanaques, romances de ciego, recetarios), la inserta en la industria cultural (desde el melodrama y la novela de folletín periodístico, hasta aciertos del realismo como Balzac, Dickens,

---

[38] De la gauchesca o del indigenismo, por ejemplo, la crítica literaria ha develado su papel generalizador de un discurso pretendidamente nacional; con las excepciones y variantes del caso, estas literaturas trasmitieron un sistema de leyes capaces de establecer los intereses de élite sobre los demás, con la intermediación de los modelos de país que supuestamente estaban retratando y no recreando. Véase, por ejemplo, Josefina Ludmer, "Quién educa" (ed. cit.); Efrain Kristal, "Peruvian Indigenismo Narrative and the Political Debate about the Indian", tesis de doctorado, Stanford University, 1985.

[39] *El escritor y la industria cultural, op. cit.*, p. II.

Stendhal, Dostoievski), la didáctica-reformista-liberal (proyectos de entonación social) y, por último, el artepurismo solipsista.

Contra el *clisé* mental

DE ACUERDO CON LO ANTERIOR, UNA FUNCIÓN DE LOS POETAS MODERnistas habría sido introducir en el imaginario social un sistema de representación cosmopolita, sensorial y sofisticado, muy conveniente para el modelo de vida que se quería implantar en los centros urbanos. Françoise Perús suscribe esta tesis, afirmando que los modernistas siguieron una política similar a la de la burguesía importadora: copiar modelos europeos —ya libres de los españoles— y a la vez crear otro tipo de dependencia.[40]

Juan Marinello sostiene, en cambio, que aunque sí produjo una expresión americana propia, el modernismo "fue el vehículo deslumbrante de una evasión repudiable, el brillante minero de una grieta desnuda".[41] Jean Franco asegura que el modernista experimentó una

> relación de dependencia respecto a la cultura europea, la de su propia inconsistencia y falta de tradición [...], aquello que para un escritor europeo significaba una crítica de la ciencia y de la industria, desde su posición de marginado en la sociedad capitalista, para el hispanoamericano significaba una afirmación de la posición especial del artista".[42]

Ángel Rama invirtió los términos de estas definiciones al dar un valor positivo a la "universalización" que aportaron los mo-

---

[40] Perús, *op. cit.*, pp. 64 y ss.

[41] Juan Marinello, *Ensayos martianos* (Las Villas: Universidad Central de Las Villas, 1961), p. 172.

[42] J. Franco, *Historia de la literatura hispanoamericana* (Barcelona: Ariel, 1983, 5a. ed.), p. 161.

dernistas a la literatura. Rama dice: "Estuvo el modernismo al servicio de los pueblos en la medida en que comprendió la necesidad de apropiarse del instrumental, las normas y los recursos literarios de la literatura creada al calor del universo económico europeo".[43]

Esta interpretación es, probablemente, la más cercana al ánimo modernista; no obstante, el tema era central en la época y no fueron pocas las figuras que negaron toda capacidad creadora a los hispanoamericanos.

El tema es decisivo, tanto para la poesía como para la crónica modernista. Más de medio siglo antes de la interpretación de Rama, Oyuela sostenía que las revistas debían limitarse a traducir textos europeos, puesto que "nuestra instrucción es a todas luces inconsistente, desordenada y poco seria" y la producción nacional "ofrece un marcado carácter de superficialidad e imitación".[44] También en la Argentina Juan Bautista Alberdi, que coincidía con la necesidad de importar (y adaptar al gusto americano), decía: "Donde no se fabrican paños, rasos, terciopelos, bretonas, estopillas, cristales, porcelanas, espejos, estatuas, grabados, etc., ¿podrán fabricarse libros pesados, escritos, publicados, como los que aparecen en la Europa más culta?"[45]

Lo precario de la cultura local también es registrado por José Martí:

> Porque tenemos alardes y vagidos de Literatura propia y materia prima de ella, y notas sueltas y vibrantes y poderosísimas —mas no Literatura propia. No hay letras, que son expresión, hasta que no hay esencia que expresar en ellas. Ni habrá literatura hispanoamericana hasta que no haya Hispanoamérica [XXI, 163-164].

---

[43] Á. Rama, *Rubén Darío y el modernismo*, pp. 124-125.
[44] "Programa" de la *Revista Científica y Literaria*, en *Las revistas literarias*, p. 20.
[45] *Escritos póstumos*, VIII (Buenos Aires: 1898), p. 246, citado en la antología de Jorge Rivera, *El escritor y la industria cultural, op. cit.,* p. 40.

La coincidencia entre Alberdi y Martí no modifica, sin embargo, una diferencia sustancial: para el modernista, importar y adaptar no eran ni el objetivo de su propuesta ni una solución para la orfandad literaria. Según Martí, la cultura era una fuente igualmente apta de ser considerada sea cual fuere su lugar de procedencia, siempre que no se tratara de imitar lo ajeno ni de renegar de lo propio. Y añade:

> o la literatura es cosa vacía, o es la expresión del pueblo que la crea; los que se limitan a copiar el espíritu de los poetas de allende, ¿no ven que con eso reconocen que no tienen patria, ni espíritu propio, ni son más que sombras de sí mismos, que de limosna andan vivos por la tierra? ¡Ah! Es que por cada siglo que los pueblos han llevado cadenas, tardan por lo menos otro en quitárselas de encima.[46]

Los modernistas se dirigieron hacia el internacionalismo con el propósito de integrar el discurso cultural de Occidente y la nueva realidad urbana de América Latina, apuntando hacia un futuro donde estos "países rudimentarios" pudieran tener una cultura más moderna.

Tanto la *imago mundi* como el lujo de la poética modernista tuvieron que ver con el tema del progreso, el deslumbramiento ante las ampliadas fronteras del saber, la cultura de países industrializados y las capacidades prácticas del hombre; además, reflejaron el dolor de las transformaciones, un anhelo frustrado por recuperar el sabor de lo sublime y por crear espacios de condensación donde todo parecía fragmentado. Con algo de *dandies* baudelerianos, en la escritura de muchos de ellos se descubren confesiones de trasfondo similares a las de Casal:

> Yo no amo más que a los seres desgraciados. Las gentes felices, es decir, los satisfechos de la vida, me enervan, me entristecen, me cau-

---

[46] *Obras del maestro*, edición Gonzalo de Quesada y Aróstegui, XIII (Washington, La Habana, Turín, Berlín, 1900-1919), p. 389.

san asco moral. Los abomino con toda mi alma. No comprendo cómo se puede vivir tranquilo teniendo tantas desgracias alrededor...[47]

El modernismo tiene variaciones de acuerdo con el autor y la época. De hecho, Max Henríquez Ureña hizo una afirmación útil para comprender el papel de la literatura modernista:

> En la segunda etapa se realiza un proceso inverso [al "preciosismo" de la primera etapa...]. Captar la vida y el ambiente de los pueblos de América, traducir sus inquietudes, sus ideales, y sus esperanzas, a eso tendió el modernismo en su etapa final, sin abdicar por ello de su rasgo característico principal: trabajar el lenguaje del arte.[48]

Entonces, hubo diferencias individuales, épocas diversas dentro del mismo modernismo. ¿Cómo asegurar que el papel de este grupo de creadores de diferentes países terminó sirviendo en firme a los intereses de la burguesía?

En general —y no sólo en el caso del modernismo, pero sobre todo en él—, los historiadores se han contentado con analizar los artefactos de la "alta cultura" como meras ilustraciones del desarrollo sociopolítico o como reflejos de lo ideológico; pero analizar "lo burgués" de una literatura es suponer —como lo ha dicho Ernesto Laclau— que "las clases sociales tienen ideologías 'puras', 'necesarias' o 'paradigmáticas'".[49] Por su parte, Frederic Jameson, apoyado a su vez en Nicos Poulantzas, enfatiza que

> ninguna sociedad histórica ha nunca "corporizado" un modo de producción en algún estado puro [...]. Lo que es sincrónico es el

---

[47] Carta a Borrero (25 de mayo de 1893), *Prosas*, III (La Habana: Consejo Nacional de Cultura, 1963), p. 90.

[48] Max Henríquez Ureña, *Breve historia del modernismo* (México: Fondo de Cultura Económica, 1954), p. 33.

[49] Ernesto Laclau, *Política e ideología en la teoría marxista* (1977) (Madrid: Siglo XXI, 3a. ed. en castellano, 1986), p. 105.

"concepto" de modo de producción; el movimiento de la coexistencia histórica de varios modos de producción es no sincrónico en este sentido, sino que está abierto a la historia de un modo *dialéctico*.[50]

"Función ideologizante" es la expresión exacta que emplea Rama.[51] Tal expresión puede inducir a confusiones si se toma en cuenta que la obra modernista no fue sólo la contenida en las reducidas ediciones de sus poesías sino en la pujante prensa cotidiana, con todas las implicaciones que tiene el periodismo para la formación de un imaginario social.

La confusión acerca de los productores-portadores de ideología tiene que ver con la idea de que toda ideología es dominante, lo cual ha sido enfáticamente refutado por Laclau. Además, si bien se puede decir que cada texto es un acto simbólico que enfoca "el gran discurso colectivo y de clases", y también que es algo más que una *parole* individual, hay que decir que la definición althusseriana de ideología ha tenido también sus detractores. Así, el concepto marxista retomado por Louis Althusser acerca de que "no hay formación social que no reproduzca las formas de producción" —por lo que los modernistas estarían inevitablemente reproduciendo sólo el sistema de mercado—, no toma en cuenta que hay sectores dominados con ideología divergente de la dominante y que en todo sistema social funcionan individuos con la tarea de oponerse a dicho sistema.[52] Así, para comprender la "función ideologizante" es preferible recurrir al concepto de Jacques Lacan: "La ideología es el medio por el cual el sujeto *intenta cerrar la brecha entre lo vivido privado y lo objetivamente colectivo*".[53]

Jameson agrega que cada texto puede leerse como escritura de

---

[50] Frederic Jameson, *The Political Unconscious. Narrative as a Socially Symbolic Act* (Ítaca, Nueva York: Cornell University Press, 1981), pp. 94-95.
[51] Á. Rama, *La ciudad letrada*, pp. 110 y ss.
[52] Louis Althusser, *Ideología y aparatos, op. cit.*, p. 9.
[53] Citado por Jameson, p. 246.

un subtexto ideológico o histórico *previo* y como un *diálogo de antagonismos sociales*, definición útil para aplicarla a los textos modernistas. Ilumina qué es una "revolución cultural": es el momento en el que los modos de producción que eran coexistentes se vuelven opuestos o antagónicos. De esta visión de los antagonismos —tan propia, además, de la sociedad finisecular latinoamericana y la sensibilidad modernista—, sugiere que el iluminismo europeo fue la "revolución cultural burguesa", mientras que el romanticismo fue un momento significante y ambivalente de resistencia a la burguesía.[54] Lo mismo puede decirse del modernismo como revolución cultural: fue un momento significante y ambivalente de resistencia a la burguesía.

No es lo que pensaba Juan José Hernández Arregui, para quien los textos modernistas eran el "lujo que la oligarquía agrega a su curiosidad de arribista de la cultura".[55] Y José Luis Romero los acusa de "rastacuerismo craso" poéticamente idealizado.[56]

Estas ideas —retomando la discusión acerca de los modernistas, la burguesía y los sistemas de representación del *interieur*— parecerían perfectamente aplicables a la aparente frivolidad de muchas crónicas producidas en Hispanoamérica por los escritores o "apátridas económicos", por usar la descripción de Gutiérrez Girardot. Ahora bien, la frivolidad y el lujo también fueron la "envoltura divertida" —apelando ahora a una expresión de Baudelaire— del despecho de un sector que, *pour épater le bourgeois*, utilizó elementos de decoración burgueses para emitir opiniones precisamente en contra de la burguesía.[57]

El tema es complejo. Gutiérrez Girardot compara al modernista con los románticos alemanes, citando a Karl Mannheim y afirmando que "los intelectuales son los típicos pensadores que saben

---

[54] *Ibid.,* pp. 85 y 96.
[55] *Imperialismo y cultura* (Buenos Aires: Amerindia, 1957), pp. 71-72.
[56] *Latinoamérica: las ciudades y las ideas,* p. 290.
[57] Véase Gonzalo Sobejano, "Épater le bourgeois en la España literaria del 900", en *Forma literaria y sensibilidad social* (Madrid, 1967), pp. 178 y ss.

justificar las intenciones políticas de aquellos a quienes sirven", sin saber por su propia cuenta nada, pero con habilidad para pescar lo nuevo y parecer expertos.[58]

Los escritores son considerados como una categoría social definida por su papel de productores directos de la esfera ideológica, de creadores de bienes ideológico-cuturales.[59] Pero la afirmación es rígida, como lo ha visto Jameson, porque este tipo de bienes encierra la trampa de una interpretación unívoca. Como ironizó Foucault sobre el tema, hablando de los que se apoyan en Marx, Hegel y Freud, "su necesidad es creer que todo pensamiento 'expresa' la ideología de una clase".[60] Además, ya se discutió en el capítulo anterior cómo no había un discurso hegemónico en la América Latina de fin de siglo, sino una *heterogeneidad de discursos* aun dentro de la clase dominante. Y, en cuanto a lo literario en sí, ha dicho Real de Azúa:

> Existen, en realidad, muchas pruebas de que estilos y escuelas artísticas son, a menudo, ideológicamente ambiguas o, aun más exactamente, polisémicas. Pienso por mi parte que [...] ello ocurre por cuanto siendo la operación literaria acción humana intencional que se moviliza consciente o subconscientemente hacia metas y valores, estas metas y estos valores pueden asumir muy distintas significaciones según sea el contexto personal o social en que se los concibe.[61]

Esto no significa que no sea posible rastrear ninguna tendencia, o que la literatura esté realmente desprendida de las ideologías. Los modernistas adoptaron una postura casi oficial de denostación del proceso de monetarización y reificación.[62] Pero el resto es te-

---

[58] *Modernismo*, pp. 169-171.
[59] Cito la definición de Michael Löwy en *Pour une sociologie des intellectuels révolutionnaires* (París: Presses Universitaires de France, 1976), p. 17.
[60] *Las palabras y las cosas, op. cit.*, p. 319.
[61] Real de Azúa, *op. cit.*, p. VII.
[62] Por reificación se entiende el proceso de representación por el cual las cosas

rreno de las ambivalencias: la revolución que produjeron en la escritura transformó la cultura hispanoamericana de un modo profundo, por lo que mal se puede decir que estaban del lado de las convenciones. Y a la par, es innegable que elevaron el encomio de lo opulento mientras repetían adjetivos como "selecto", "raro", "exquisito" y, con frecuencia, "aristocrático". Ya se sabe que su aristocratismo era un modo de atacar la vulgaridad del burgués, pero la figura de este último no aparece a fin de siglo aún claramente diferenciada: se podía confundir a veces con capas medias de comerciantes y otras con el patriciado; en todo caso, el aristocratismo tendía a despreciar a los sectores populares.

Otro aspecto a considerar es el recurso de la suprarrealidad en la literatura modernista, como un medio de tambalear la visión dominante del mundo. Pero también es una forma de evadir lo real, por el hecho de que la mayoría de los modernistas pasó por encima de las masas humanas empobrecidas. Escribió Manuel Díaz Rodríguez:

> Todo, como en la literatura. Casi, casi como en la literatura. Sólo que, a la sombra de los ucarales que van por la literatura extendiendo su rojo dosel florido, no hay nada, o punto menos que nada, mientras que, de bajo y a la vera de estos otros bucarales, hay algo, si no mucho: está el rancho en cuyo estrecho recinto se extingue, pudriéndose en promiscuidad paradisíaca, una familia alcohólica, se alzan las paredes en ruinas, a las que se acogieron, después de la súbita muerte del peón, cinco huérfanos y una viuda...[63]

---

parecen presentes, dadas, naturales e inmodificables, excluyendo su origen y los trazos que puedan mostrarlas como el resultado de una teoría, o de un proceso designado para mostrar exactamente la ausencia de proceso o de teoría. Véanse George Lukács, "Reification and the Consciousness of the Proletariat", en *History and Class Consciousness*, trad. R. Livingstone (Cambridge: MIT Press, 1971); Roland Barthes, *Mitologías* (1957), trad. H. Schmucler (México: Siglo XXI, 1980).

[63] Manuel Díaz Rodríguez, en *Sermones líricos, op. cit.,* pp. 187-189.

Real de Azúa observó también que, con esa pasión por la brillantez, exaltaron las figuras de los reales o potenciales héroes —no siempre a favor de los mejores líderes políticos—, basados en su reclamo de hombres nuevos contra las viejas castas oligárquicas que alimentaban a los gobiernos de sus propios países. Ambivalentes como en todo, anunciaron el peligro del imperialismo y erigieron a Estados Unidos como modelo de progreso; en su afán por la universalización y la búsqueda de lo autóctono, terminaron idealizando a España (también Martí) "y es difícil saber hasta qué punto... eran conscientes de que con su postura validaban las peores tradiciones de brutalidad, fanatismo, codicia, odio y estúpida arrogancia, a las que parecieron ver como 'hidalgas', 'románticas', 'poéticas', e 'ideales'".[64]

Otra de las acusaciones a los textos modernistas es que su proclividad ornamental no fue sino un método de impacto exhibicionista con vista a la demanda del mercado. O, peor aún, que sintiéndose abrumados por las leyes de la oferta y la demanda —que les impuso a una parte de ellos la faena periodística regular—, no fueron capaces de ver que dicha faena les deparaba estructuras de mensaje literario e instrumentos de especialización distintos (como la crónica). No se puede incurrir en anacronismos y pedir a los escritores de una época que introduzcan en sus opiniones la cultura sobre los géneros pertenecientes a otro momento histórico; tampoco se les puede exigir a los modernistas que no sintieran el periodismo como una forma de esclavitud, sino que —como Gide— entendieran que los límites fortifican. Lo más complicado de sus protestas contra el diarismo es definir qué hubieran preferido a cambio. Dice Real de Azúa:

> Pudo ser la condición del señor letrado medieval o renacentista económicamente independiente, que Silva buscó en rescates algo descocados, Chocano por medio de especulaciones financieras y que La-

---

[64] Real de Azúa, *op. cit.*, p. XXIII.

rreta y Díaz Rodríguez disfrutaron. Pudo ser la de "eminencia gris", o primer ministro, o Goethe de algún Weimar tropical, junto a un dictador benévolo. Pudo ser la de protegido por algún Mecenas generoso y sin tareas de tanta responsabilidad: por lo menos Darío entrevió alguna vez así su destino.[65]

Hay prejuicio en este comentario. Porque, a pesar del discurso explícito de algunos exponentes del modernismo, no tienen por qué aceptarse tan absolutamente las reglas del mercado burgués. Es decir: los escritores podían simplemente haber aspirado como destino el de la profesionalización verdadera y no sólo el de la especialización de la escritura, entendiendo por profesionalización que su actividad mereciera retribuciones económicas adecuadas.

Para llegar a algún tipo de conclusión, puede decirse que el escritor modernista formó un discurso poético menos dependiente de la praxis política directa, que buscó un campo de definición del discurso literario e incluso de su profesionalización a través de la defensa del derecho de autor.[66] También debe decirse que la figura del escritor no tenía a finales del siglo XIX el matiz intelectual que adquirió en Occidente con el *affaire* Dreyfus y luego con el existencialismo, y que su función con respecto al Estado no era tampoco comparable con la de personajes como Domingo F. Sarmiento o Andrés Bello. También es innegable que el aporte modernista fue central para la prosa moderna y, sobre todo, para la redefinición cultural hispanoamericana.

No es un detalle que los modernistas vieran ligada al cambio social la pretensión de renovar lingüística y sintácticamente el castellano. José Martí hizo explícito en su poética su antiacademicismo y el propio Rubén Darío afirmó en "Dilucidaciones" (*El canto errante*), que el "*clisé* verbal" "encierra el *clisé* mental, y juntos perpetúan la anquilosis, la inmovilidad".

---

[65] "Modernismo e ideologías", p. xvi.
[66] Véase Noé Jitrik, "El sistema modernista (o rubendariano)", en *Nuevos asedios al modernismo* (Madrid: Taurus, 1987), p. 55.

Gracias al periodismo —y casi a pesar de ellos mismos—, los modernistas no pueden ser catalogados de manera unívoca, ya que hicieron real la ruptura de estereotipos perceptivos y flexibilizaron la interacción de los mensajes. Su trabajo innovador en los diarios los reubica como escritores que formularon reflexiones críticas sobre el lenguaje, la organización social y sus valores.

Las exigencias del medio los sacaron del torremarfilismo, matizando la autonomía del discurso literario recién adquirida con la obligación de referir y pensar el acontecer cotidiano. Por eso el estudio de las crónicas —sin negar sus contradicciones— abre una de tantas brechas en los prejuicios que compararon el modernismo con la evasión.

En cuanto a su modo de entender América Latina como un recipiente de cultura universal: se les ha acusado de extranjerizantes y, sin embargo, sentaban formalmente las bases para lo que Fernando Ortiz y luego Ángel Rama acuñaron como fenómeno de "transculturación". Es decir, los modernistas perfilaron una de las especificidades de la literatura propia: disponer eclécticamente de diferentes campos culturales y géneros. Esta apropiación suele subvertir el orden literario oficial.[67]

---

[67] Fernando Ortiz, *Contrapunteo cubano del tabaco y el azúcar* (La Habana: Jesús Montero, 1940); Ángel Rama, *Transculturación narrativa en América Latina* (México: Siglo XXI, 1982).

CAPÍTULO IV

EL LUGAR DE LA CRÓNICA

—Pues qué, ¿vive usted de las letras?
—Ni Dios lo permita: preferiría ser ladrón: sería menos despreciable [...] Aquí es un deshonor trabajar con la cabeza, es decir, como hombre; mientras que es una honra trabajar con los brazos y los pies, es decir, como bestia.

JUAN BAUTISTA ALBERDI, *Figarillo*
(*El Nacional* y *El Iniciador,* noviembre de 1838)

CAPÍTULO IV

EL LUGAR DE LA CRÓNICA

DURANTE EL PERIODO POSTERIOR A LA INDEPENDENCIA Y ANTES de los años ochenta del siglo XIX, los periódicos latinoamericanos tenían un claro papel racionalizador en la *res publica* y los avisos comerciales ocupaban poco espacio, limitándose sólo a las curiosidades y dejando la competencia a la propaganda oral. Este hábito coincide con la descripción hecha por Habermas para Europa: "las casas distinguidas eran reacias hasta a los simples anuncios comerciales; el reclamo publicitario era tenido por indecente".[1] Es un momento en que el discurso periodístico estaba en relación directa con el surgimiento de la publicidad burguesa: este tipo de publicidad proviene de un conjunto de "personas privadas" que se reúnen en calidad de público. Las "personas privadas" en verdad son los propietarios: el patriciado y la burguesía emergente y culta, ambos con intereses económicos y planes de desarrollo. Su técnica de legitimación es el lenguaje del raciocinio y la libertad de expresión —ésta significa: no intervención del discurso estatal—, técnica que se reafirmará en la época de los modernistas.

La Nación, por ejemplo, fundado en 1870, fue durante los primeros cinco años vocero del Partido Liberal, dominado a su vez por la familia Mitre, dueña del diario. De manera que la publicidad burguesa no dejó de lado la publicidad política.[2]

Era un periodismo portador de la impronta del "partido de los notables". Éste se constituía a través de círculos instruidos y pudientes que fundaban —bajo la dirección de clérigos y profesores,

---

[1] Jürgen Habermas cita a Werner Sombart, *Der Bourgeois*, en *Historia y crítica de la opinión pública, op. cit.,* p. 217.
[2] *Ibidem*, p. 219.

de abogados, de médicos, maestros y farmacéuticos, de fabricantes y terratenientes— clubes políticos, organizaciones coyunturales y asociaciones con fines electorales. El número de políticos profesionales era reducido; para los "caballeros" la política en sí era una ocupación secundaria y los diputados les rendían informes frecuentes a los periódicos.

El proyecto del "raciocinio" no se limitaba a la organización de las informaciones. La opinión era parte fundamental de esos diarios cultos redactados en parte por escritores; por ejemplo, Juan María Gutiérrez fue redactor fundador de *La Nación Argentina*, antecedente directo de *La Nación*. Tampoco estaba excluido en absoluto el ánimo pedagógico, puesto que era consustancial al proyecto mismo que se quería difundir incluso en cuanto a identidad nacional. Domingo F. Sarmiento escribía ya en 1841:

> El diario es para los pueblos modernos, lo que era el foro para los romanos. La prensa ha sustituido a la tribuna y al púlpito, la escritura a la palabra, y la oración que el orador ateniense acompañaba con la magia de la gesticulación, para mover la pasión de algunos millares de auditores, se pronuncia hoy ante millares de pueblos que la miran escrita, ya que por las distancias no pueden escucharla. Por el *diarismo* el genio tiene por patria al mundo y por testigos *la humanidad civilizada*.[3]

Sarmiento insistía en la tarea educadora:

> y por el diarismo, en fin, el pueblo antes ignorante y privado de medios de cultura, empieza a interesarse en los conocimientos y gustar de la lectura que los instruye y divierte, elevando a todos el goce de las ventajas sociales, y despertando talentos, genios e industrias que sin él hubieran permanecido en la oscuridad.[4]

---

[3] Sarmiento, "La cultura del pueblo. El diarismo", publicado en dos partes en *El Nacional*, 15 y 29 de mayo de 1841. Reproducido en *Polémica literaria* (Buenos Aires: Cartago, 1933), p. 13. Las primeras cursivas pertenecen al texto original.
[4] *Polémica literaria*, p. 14.

La función educadora-racionalizadora —o civilizadora, como preferiría, sin duda, Sarmiento— era también expresada por J. A. Saco en Cuba, sosteniendo que los periódicos debían "mejorar las costumbres de la población rústica [publicando] máximas morales y buenos consejos sobre economía doméstica, los descubrimientos importantes, las máquinas y mejoras sobre la agricultura, los métodos de aclimatar nuevas razas animales y perfeccionar las que ya tenemos". Su propuesta, menos "privada", era que el Estado y las asociaciones patrióticas se hicieran cargo de los gastos, dejando las tareas de distribución entre el campesinado a la Iglesia y los partidos políticos.[5]

De acuerdo con Habermas, la prensa —con la consolidación del Estado burgués— se fue desprendiendo de tal carga de opinión para atender sus beneficios con el criterio de cualquier empresa comercial. En el caso de América Latina es difícil afirmar que el inicio de la prensa comercial esté directamente relacionado con la "consolidación del Estado burgués", consolidación discutible aún hoy. Además, el liberalismo económico prefirió en muchos países de este hemisferio los regímenes totalitarios y tardó en desligar la función comercial de la estatal; hay muchos periódicos que en el siglo XX aún no lo han hecho. Lo que sí es cierto es que hacia la década de los ochenta la prensa latinoamericana sufrió un cambio similar al de los escritores: ambos empezaron a dejar de ser tan sólo difusores del predicado estatal para buscar su propio espacio discursivo.

En la historia del diario *La Nación* el momento de cambio fue muy claro. Luego del fracaso del golpe de Estado contra el presidente Nicolás Avellaneda, la línea editorial se vio obligada a cambiar para sobrevivir, puesto que sus dueños entraron en franco conflicto con los intereses políticos y estatales. Así, para 1883, en plena etapa de José Martí como corresponsal en Nueva York, apareció publicada la siguiente "profesión de fe":

---

[5] J. A. Saco, *La vagancia en Cuba* (La Habana: Cuadernos de Cultura, 1946), pp. 85-87.

Desde [la clausura y el encarcelamiento de Mitre] tomó *La Nación* la delantera de todos los demás periódicos de Buenos Aires. La administración dio a la empresa, exclusivamente política hasta aquella fecha, un carácter comercial, y el diario, sin dejar de mantener su bandera, entró en un terreno más sólido, encauzándose en la corriente de avisos de que estaba apartado, y que es la principal fuente de que vive el periodismo.[6]

Esta "profesión de fe" no debe confundir el carácter comercial con el de una empresa cuyo producto de venta es la noticia. Si se

---

[6] *La Nación*, 2 de febrero de 1883, p. 1. Utilizo este diario argentino como eje del análisis sobre el periodismo, porque fue el núcleo en torno del cual se reunieron las grandes voces modernistas, así como uno de los diarios de mayor influencia y voluntad de renovación en América Latina. Las observaciones sobre la primera plana fueron elaboradas durante un estudio personal directo, con los materiales originales publicados entre 1875 y 1895, a lo largo de varios meses en los archivos de *La Nación* y en la Hemeroteca de la Biblioteca Nacional de Buenos Aires. Para el análisis que ocupa la primera parte de este capítulo, he recurrido básicamente a los siguientes textos de referencia: José Acosta Montoro, *Periodismo y literatura* (Madrid: Guadarrama, 1973), t. I; Beatriz Álvarez *et al.* eds., *Artes y letras* en *La Nación* de Buenos Aires (1870-1899), (Buenos Aires: Fondo Nacional de las Artes, 1968); Oscar Beltrán, *Historia del periodismo argentino* (Buenos Aires: Perlado, 1943); Camila Henríquez Ureña *et al.*, *El periodismo en José Martí* (La Habana: Orbe, 1977); Héctor René Lafleur y Sergio D. Provenzano, eds., *Las revistas literarias* (Buenos Aires: Centro Editor de América Latina, 1980); Adolfo Prieto, *El discurso criollista en la formación de la Argentina moderna, op. cit.; El escritor y la industria cultural: el camino hacia la profesionalización, op. cit.;* Oksana María Sirkó, "La crónica modernista en sus inicios: José Martí y Manuel Gutiérrez Nájera", en José Ovidio Jiménez, ed., *Estudios críticos sobre la prosa modernista hispanoamericana* (Nueva York: Eliseo Torres & Sons, 1975); Gonzalo de Quesada y Miranda, *Martí periodista* (La Habana: Bouza y Cía., 1929); Frida Weber, "Martí en *'La Nación'* de Buenos Aires", *Archivo José Martí. Número del centenario* (La Habana: Ministerio de Educación, 1953), pp. 458-482. También fueron consultados los estudios específicos sobre la crónica modernista citados en el primer capítulo de este trabajo, especialmente el de Julio Ramos, cuyo estudio ha sido de notable utilidad.

relee con atención su concepto de "delantera", se ve que ésta tuvo más bien que ver con que ya desde 1877 era el periódico más moderno de América Latina: había incorporado el servicio del telégrafo y dedicaba casi 50% de su espacio a anunciar productos nacionales para la exportación y novedades importadas de Europa y Estados Unidos. El carácter comercial del periodismo era, en aquel momento, ser facilitador del comercio, no sólo por el rentable espacio ocupado por los avisos, sino porque gran parte de la información se refería a la actividad mercantil y exportadora-importadora. Hasta Martí tuvo que redactar avisos para el diario *Las Américas*, entre 1883 y 1884 (VIII, 265-276).

El espacio gráfico cambió tanto como la dirección. Hasta ese momento las noticias viajaban en barco durante semanas: eran enviadas desde Francia o Inglaterra hasta Portugal, para desde allí emprender el recorrido marítimo hacia Buenos Aires, con escalas en Río de Janeiro y Montevideo. La sensación de instantaneidad que dio el telégrafo, en cambio, incentivó el deseo de internacionalismo y modernización, tan acorde con los intereses del sector importador. Lo del internacionalismo fue casi inevitable para los lectores de *La Nación*: este diario, ya en 1881, contaba con corresponsales en África (John Roe), en la guerra del Pacífico (Brocha Gorda), en Francia (Ernesto García Ladevese), Italia (Aníbal Latino), Inglaterra (G. Z.), y la actualidad argentina era comentada por el escritor de origen francés Paul Groussac; además, solían aparecer informaciones fronterizas sobre Chile y Uruguay: lo único prácticamente ausente del panorama en ese momento es el resto de América Latina, salvo alguno que otro dato sobre el canal de Panamá.

Las modificaciones de los periódicos en sí iban a ser lentas. Surgió la figura del *reporter*, como consecuencia directa del lenguaje de las noticias telegráficas; como se quejaba Manuel Gutiérrez Nájera: "El telegrama no tiene literatura, ni gramática, ni ortografía. Es brutal".[7] No obstante, se mantenía el editorial en pri-

---

[7] Gutiérrez Nájera, *Obras inéditas: Crónicas de Puck*, p. 55.

mera página y la publicación de textos literarios y folletines, especialmente de traducciones; además, la "objetividad" de las noticias telegráficas convivía con relatos científicos que parecían salidos de la literatura fantástica. Un ejemplo de este tipo de textos, cuyo tono entre ingenuo y jocoso no parece haber sido ex profeso, es "Un caso de doble vida (trabajo presentado al círculo Psico-cosmos, por el Dr. D. Camilo Clausolles, respecto a un caso original de unión fluídica entre la existencia de dos mellizos, ocurrido en esta ciudad)", publicado el 10 y 12 de abril de 1881 en dos partes, y que no parece ajeno a la imaginación de *Las fuerzas extrañas* de Leopoldo Lugones; algo parecido ocurre con cuentos como "El almohadón de plumas" de Horacio Quiroga y la noticia titulada "Un caso raro", aparecida en *La Prensa* (7 de noviembre de 1880), ejemplo del tránsito de entonces a través de la frontera entre lo cotidiano y lo irreal.[8]

Vale la pena detenerse en la descripción de la primera plana de *La Nación* entre 1880 y 1895. Uno de los elementos más notables lo constituye la diagramación: al pie de la primera página era publicada una novela por entregas —en general traducida del inglés, el francés o el alemán—, a veces de un autor español y casi nunca de argentinos o latinoamericanos, a diferencia de la primera etapa del diario, donde se daba preferencia a textos costumbristas más bien locales.

La diagramación del folletín es clara y separa este texto del resto de la página; no ocurre lo mismo en los demás casos: *la diagramación es la misma* para editorial, noticias, ensayos o cuentos. Se infiere cuál es el editorial porque está ubicado en la primera columna, pero la confusión es propicia cuando se trata de distinguir ficciones de opiniones o informaciones, aunque estas últimas están al menos a menudo antecedidas por un sumario; no hay diferencia en la presentación de un cuento o de un artículo de

---

[8] El dato fue rescatado por Alfredo Veiravé, "Cuentos de amor, de locura y de muerte (1917). El almohadón de plumas. Lo ficticio y lo real", en Ángel Flores, ed., *Aproximaciones a Horacio Quiroga* (Caracas: Monte Ávila, 1976), pp. 209-214.

opinión, acentuándose la posible confusión por el hecho de que informaciones y relatos literarios no siempre van firmados o cuentan sólo con las iniciales del autor.

Además, junto al estilo noticioso más breve y seco de algunas de las secciones telegrafiadas, se publicaban larguísimas polémicas personales que parecen surgidas de otra época del periodismo —el de las "personas privadas", no el del periodismo comercial—, como es la que sostuvieron durante varios números Domingo F. Sarmiento y Claudio Caballero, por rencillas personales y además bajo la fórmula de correspondencia entre particulares (octubre de 1885).

El periodismo hispanoamericano no había encontrado aún su autonomía discursiva. Los corresponsales fijos de *La Nación* eran básicamente los grandes escritores del mundo hispanoamericano; los más destacados, incluso por la extensión del espacio gráfico que se les otorgaba, eran José Martí y Emilio Castelar. Las ilustraciones —aún no imprimían fotografías— no ayudan a diferenciar los textos, puesto que se limitan a los dibujos publicitarios. Lo mismo ocurría en *La Opinión Nacional* de Caracas, diario donde comenzó su experiencia como corresponsal José Martí y donde publicó varias de sus mejores crónicas.

En *La Nación* se encuentra otro ejemplo llamativo de la falta de límites discursivos o genéricos claros: daba cabida por igual a textos científicos que hoy pueden ser leídos como ficciones, como a artículos políticos que fueron leídos como literatura pura. Así, cuando Martí describió las elecciones presidenciales en Estados Unidos (1888), los editores del diario titularon su crónica como "Narraciones fantásticas" y agregaron la siguiente aclaración:

> Martí ha querido darnos una prueba del poder creador de su privilegiada imaginación, enviándonos una fantasía, que por lo ingenioso del tema y lo animado y pintoresco del desarrollo escénico, se impone al interés del lector. Solamente a José Martí, el escritor original y siempre nuevo, podría ocurrírsele pintar a un pueblo, en los días adelantados que alcanzamos, entregado a las ridículas funciones electorales... [XIII, 337].

La revisión de la primera plana de *La Opinión Nacional* de Caracas entre 1880 y 1883, periodo en que Martí mantuvo relación con ese diario como lector, colaborador o corresponsal, arroja observaciones similares.[9] Con menos periodistas propios en el exterior, *La Opinión Nacional* creaba la sensación de internacionalismo reproduciendo artículos de *The Times, The Hour, Paris Herald* y *The Star Herald*. Las traducciones y artículos sobre grandes figuras se centran en franceses, alemanes, ingleses y españoles: el más citado y traducido es Victor Hugo, seguido por Goethe. Se asemeja a *La Nación* por el interés hacia la ciencia, la educación y el espíritu "de libertad y progreso de los Estados Unidos"; pero si este medio editorializa a menudo sobre el tema de la inmigración como un bien necesario, *La Opinión Nacional* hace más caso a la realidad y los valores locales. Esto lo hace a través de artículos de color y de costumbres —sobre el amor y la familia, por ejemplo—, la geografía y la gramática, las novedades en la literatura nacional, y el recuento de la historia venezolana y las hazañas de sus próceres en una amplia sección titulada "Anales patrios".

Otros detalles: los avisos eran en un alto porcentaje productos para la salud, a diferencia de *La Nación*, como se ha visto. Distribuido regularmente en París, Londres y Nueva York, este diario contaba también en su primera plana con documentos oficiales y cartas personales, como el intercambio epistolar entre Vicente Coronado y Fausto Teodoro de Aldrey por la muerte de la hija de este último (28 de enero de 1881). Dentro de las contradicciones del diario la más llamativa es la frecuencia de las notas exaltando a la democracia a la par de las loas a Guzmán Blanco —quien obligó a abandonar el país a Martí en 1881—, el dictador a quien llamaban "el Ilustre", "el civilizador", "creador del glorioso septenio", el héroe luego de "ocho lustros de combate entre la idea democrática radical y el principio conservador oligárquico, ambos extremos perniciosos" (24 de enero de 1881).

---

[9] Para este estudio consulté los microfilmes de la Hemeroteca de la Biblioteca Nacional de Caracas.

Otro dato que da idea de cómo en *La Opinión Nacional* coexistía la publicidad del Estado, la privada y la comercial, es que el mismo Guzmán Blanco enviaba cartas explicando su causa para que las publicara el diario. Más notable aún en este encuentro de discursos y mixtura de géneros, son dos elementos que atañen a José Martí y tienen que ver con la frontera entre la realidad y la ficción. Una muestra es la "Sección Constante" de Martí en *La Opinión Nacional*, que parece casi un cuento fantástico:

> Merced al micrófono, un químico inglés, ha llegado a demostrar que esas moscas infelices, que miramos sin compasión, que tan a menudo perecen a manos de niños traviesos, sufren tan vivamente como el más sensible de los mortales, y expresan su dolor en gemidos prolongados y angustiosos, que el micrófono transmite distintamente al oído, que tienen la naturaleza del caballo [XXIII, 207].

De la misma época son textos como "El rostro rehecho", donde la voluntad literaria y el encanto descriptivo excede por mucho el interés de la información. Allí, por dar un caso, Martí describe la operación plástica a una criada alemana, a través de un portentoso y ameno juego de traslados físicos y nutriciones que vale la pena citar a pesar de su extensión:

> En el índice de la mano derecha le abrió una incisión, que iba desde la primera articulación hasta el pulgar; le llevó la mano derecha al brazo izquierdo y después de coser la sección de piel en la incisión de la mano con alambre de plata, dejaron sujetos el brazo y la mano con vendajes fuertes. A la semana, ya el trozo de piel estaba unido a la mano, aunque se nutría principalmente del brazo. Para cambiar la corriente de la nutrición, fueron cortando por grados la piel del brazo, y cuando estaba a punto de separarse de él, la piel se nutría ya del dedo, y no del brazo a que había sido arrancada. Separáronla entonces del brazo definitivamente; y la mano, con el trozo de piel colgante que vivía de ella, fue llevada al rostro de la enferma; levantaron la piel cicatrizada que le cubría la mejilla derecha, y bajo ella inser-

taron el trozo de piel. Con nuevas vendas dejaron la mano sujeta a la mejilla.

Y continúa, como si tal detenimiento narrativo fuera común en una noticia:

> En tres semanas, ya se había conseguido que la piel se adhiriese al rostro: del mismo modo que se había ido cortando la piel del brazo para que quedara nutriéndose del dedo, así la fueron cortando del dedo para que quedara nutriéndose de la mejilla, hasta que aquel trozo de piel sacado del brazo llegó a ser, injerto ya en el rostro, la base de una mejilla nueva. Creció la carne; llenóse el hueco; de un lado abrieron la boca de Bertha, que se le había corrido del lado opuesto, y de otro se la bajaron y cerraron, y le arreglaron los labios luego. Hoy pasea hermosa [XIII, 30-31].

Este texto, que empieza con una reverencia a la belleza como expresión de la bondad, se sobrepone a lo escabroso del tema y el nulo interés noticioso que puede tener al lado de la política internacional; su valor es estrictamente narrativo.

Las observaciones anteriores son vitales para la consideración de la crónica como intermediaria entre el discurso literario y el periodístico pero, en definitiva, como género literario. Así, es necesario incluso recordar textos modernistas que, de ser publicados primero en los diarios, pasaron a ser leídos como cuentos, despojados luego del elemento actualidad; es el caso de los *Cuentos frágiles* y *Cuentos de color humo* de Gutiérrez Nájera, "Ésta era una reina", "¡A poblá!", "Bouquet" o "El año que viene siempre es azul", de Rubén Darío. Lo mismo se puede decir de textos como "El terremoto de Charleston" o "Jesse James" de José Martí.[10] Darío no dudó en publicar sus crónicas en forma de libros, entre

---

[10] Véase Raimundo Lida, "Los cuentos de Rubén Darío", en *Rubén Darío, Cuentos completos* (México: Fondo de Cultura Económica, 1950), p. VIII. Agrega Rama en *Rubén Darío y el modernismo*: "En la serie de ocho crónicas que escribe para *El*

los cuales el más notable es sin duda *Los raros*; Martí impartió en su "testamento literario" instrucciones bien precisas para que se recopilaran sus textos periodísticos, lo que implica cuánto los valoraba como autor:

> De lo impreso, caso de necesidad, con la colección de *La Opinión Nacional*, la de *La Nación*, la de *El Partido Liberal*, la de *La América*..., la de *El Economista*, podrá irse escogiendo el material de los seis volúmenes principales. [...] Tengo mucha obra perdida, en periódicos sin cuento: en México del 75 al 77, en *La Revista Venezolana*..., en diarios de Honduras, Uruguay y Chile, en no sé cuántos prólogos: a saber. Si no vuelvo, y usted insiste en poner juntos mis papeles, hágame los tomos como pensábamos... [I, 3-4].

La profesionalización del escritor y del periodista

El enfrentamiento periodismo/literatura había comenzado formalmente. En *La Nación* (1889) se encuentran afirmaciones como la siguiente:

> El periodismo y las letras parece que van de acuerdo como el diablo y el agua bendita. Las cualidades esenciales de la literatura, en efecto, son la concisión vigorosa, inseparable de un largo trabajo, la elegancia de las formas [...]. El buen periodista, por el contrario, no puede permitir que su pluma se pierda por los campos de la fantasía.[11]

Heraldo de Valparaíso se encuentran las mejores páginas en prosa de Darío en su periodo chileno. La publicada el 10 de marzo de 1888 sobre la muerte del emperador de Alemania sólo admite comparación con textos tan famosos como '*El velo de la reina Mab*', '*El rey burgués*' o '*La canción del oro*'" (*op. cit.*, p. 79).
[11] Ernesto, "Notas literarias: el periodismo y las letras", *La Nación*, 30 de noviembre de 1889, p. 1. La firma del artículo no va acompañada de apellido.

Hasta los ochenta, el diario era además el lugar de las letras. Luego la práctica de la escritura se diversificó, llegando a competir en el interior de una nueva división del trabajo.[12] Es interesante, porque a la par, el escritor ocupaba un lugar destacado dentro de la modernización de los diarios, tanto que *La Nación* incluyó dentro de sus innovaciones justamente a figuras como Martí, Rubén Darío y Emilio Castelar. Estas innovaciones eran fuente de prestigio y no de escasos roces, porque, al mismo tiempo, existía la fuerte tendencia a que no se firmaran con nombre propio las notas —hasta Martí fue durante un tiempo para *La Opinión Nacional* de Caracas, "M. de Z." y los mismos modernistas solían recurrir a pintorescos seudónimos— y, a la vez, la creciente exigencia de una escritura cada vez más informativa y menos literaria.

Por ejemplo, la primera carta de José Martí para *La Opinión Nacional*, fechada el 20 de agosto de 1881, fue publicada el 5 de septiembre siguiente. No había pasado un año cuando el director del diario, Fausto Teodoro Aldrey, le envió a Martí una carta que ya no se limitaba a pedirle —como antes— que se expandiera en la diversidad internacional y "con sabor ultramontano", sino que

> el público se muestra quejoso por la extensión de sus últimas revistas sobre Darwin, Emerson, etc., pues los lectores de este país quieren noticias y anécdotas políticas y la menor literatura posible. En esta virtud voy relegando la Sección Constante porque murmuran de ella, diciendo que habla mucho de libros y poetas. Por otra parte los párrafos son muy largos. Esta Sección que deseo continuarla, debe ser de párrafos cortos.[13]

El mismo Aldrey, quien a la hora de revelarle al público la identidad del exitoso colaborador oculto tras las siglas "M. de Z." lo presentó como un escritor cuyo estilo "tiene la limpieza, el brillo y las irradiaciones del diamante", en otra carta repitió la preferencia de

---

[12] Julio Ramos, "Contradicciones de la modernización", pp. 159-160.
[13] Gonzalo de Quesada y Miranda, *Martí periodista*, p. 97.

los lectores hacia notas que sean "más noticiosas y menos literarias [...]. ¿Qué es lo que quieren? No lo determinan explícitamente. Yo creo adivinarlos". En esa carta Aldrey solicitó de Martí moderación en sus juicios políticos sobre Estados Unidos —pedido que habría de ser común también en las cartas del editor de *La Nación*—, haciendo una acotación de interés, porque demuestra la dificultad del deslinde entre los roles del periodista, el escritor y el literato:

> No me conviene el número literario de que Ud. me habla. Conozco el país y hace 20 años que soy en él periodista. Conté durante mucho tiempo con los literatos para realzarlos y tenerlos como un elemento útil para superar editoriales en todos los ramos de la prensa, y he gastado millares de pesos en el empeño de realizar este propósito, y me he convencido de que todos son por el estilo de aquellos viles del... No quiero nada de ellos... Se devoran entre sí, y se odian cordialmente. Vade retro![14]

Bartolomé Mitre era aún más insistente con los juicios políticos que podían desagradar a los lectores de *La Nación* y no dudó en "suprimir" párrafos de los textos martianos enviados desde Nueva York. Él asumió con toda sinceridad que el interés del diario había pasado a ser comercial, lo cual también era una novedad:

> No vaya Ud. tampoco a tomar esta carta como la pretenciosa lección que aspira a dar un escritor a otro. Habla a Ud., un joven que tiene probablemente mucho más que aprender de Ud. que Ud. de él, pero que tratándose de mercancía —y perdone Ud. la brutalidad de la palabra, en obsequio a la exactitud—, que va a buscar favorable colocación en el mercado que sirve de base a sus operaciones, trata, como es su deber y su derecho, de ponerse de acuerdo con sus agentes y corresponsales en el exterior acerca de los medios más convenientes para dar a aquélla todo el valor de que es susceptible.[15]

---

[14] *Ibidem*, pp. 98-99.
[15] Carta de Mitre a Martí, citada por Gonzalo de Quesada y Miranda, p. 105.

Estas cartas encierran varias revelaciones: seguía manteniéndose un tono formal extremadamente respetuoso y casi admirativo hacia los que encarnaban talentos literarios, pese a que la palabra mercado resultaba brutal igual se usaba, la censura existía como práctica de autodefensa comercial —para no alejar al público consumidor, nada que ver con autocensura por temor a las represalias estatales—; el interés producido por la literatura en sí era tan escaso como enorme la avidez hacia las noticias internacionales; se alentaba la brevedad en la escritura.

Quizá lo más llamativo sea el elemento del público/lector, determinante para toda decisión editorial que, no obstante, se confiesa desconocer en esencia, aunque se cree interpretar sus gustos y deseos. Es más, el ánimo pedagógico ha desaparecido lo suficiente como para que Aldrey en su carta diga que "no sé si he acertado al interpretar el antojo de este público lector, que tiene pervertido el gusto en esta materia": lo importante no era educar el gusto pervertido, sino complacerlo.

¿Qué significaba "complacer"? De acuerdo con la definición de Antonio Castro Leal:

> la crónica imponía como condiciones fundamentales que se dejara leer fácilmente y que atrajera e interesara al lector. Para dejarse leer fácilmente debía de estar escrita en una prosa fluida, ágil, sin comienzo ni dificultades para el lector; para atraer e interesar, tenía que tratar temas de actualidad, ofreciendo, sin bombo ni ruido, nuevos puntos de vista, reflexiones originales que se sugerían discretamente al lector, casi con el propósito de que creyera que completaba el pensamiento del escritor, agregándole su imaginación incitada, la dosis de poesía o de humorismo o de filosofía que era necesaria.[16]

El mismo Martí, en una de sus cartas a Manuel Mercado, explica cómo se imagina sentado en su mesa en Nueva York: escribiendo

---

[16] Antonio Castro Leal, "Prólogo" a Luis G. Urbina, *Cuentos vividos y crónicas soñadas* (México: Porrúa, 1971), p. ix.

sobre casos políticos, estudios sociales, noticias de letras y teatros, originalidades; es decir, "todas cosas que pueden interesar a nuestros lectores cultos, impacientes e imaginativos, pero hecha de modo que pueda publicarse en periódicos diarios". ¿Quiénes eran estos lectores? Obviamente una élite de "personas privadas", aunque una élite menos reducida en términos cuantitativos que lo que la imaginación actual y desprevenida pueda pensar.

Para esa época, posterior a la presidencia de Sarmiento, Argentina era famosa por la obligatoriedad de la alfabetización. Sin embargo, las cifras resultan engañosas: había, efectivamente, miles de alumnos censados; lo que no suele contemplarse es que el promedio de deserción escolar era de 90 a 97% durante los últimos 20 años del siglo y que una parte importante de esa deserción se verificaba durante el primero o segundo año de instrucción.[17] Valga anotar que la falta de educación no era exclusiva de América Latina: hacia mediados del siglo pasado, por ejemplo, la asistencia de niños a las escuelas inglesas y francesas era de un promedio de uno a dos años en total.[18]

A pesar de estas cifras, el crecimiento del periodismo argentino es, por lo menos, impresionante. En 1877 el número de diarios que había era de 148, para 2 347 000 habitantes, es decir, uno por cada 15 700 habitantes: Estados Unidos apenas duplicaba esa cifra. Argentina ocupó ese año el cuarto lugar mundial en el promedio por habitante, pasando en 1882 al tercer lugar: la tirada alcanzó 322 500 ejemplares diarios, uno por cada nueve o 10 habitantes. Entre 1887 y 1890, *La Nación* vendía 35 000 ejemplares por día.[19]

Estas cifras reveladoras de la vastedad de la clase media argentina debían ser un atractivo para los modernistas, cuya "situación real y patética", como ha escrito Rama, fue la carencia de públi-

---

[17] Juan Carlos Tedesco, citado por Adolfo Prieto en *El discurso criollista*, p. 28.
[18] El dato es de Raymond Williams, "The press and popular culture: an historical perspective", *Newspaper History*, 1978.
[19] Ernesto Quesada, "El periodismo argentino", *Nueva revista de Buenos Aires* (1833), p. IX.

co. Como escritores, no tenían demasiadas alternativas para sobrevivir:

> La única vía moderna y efectiva, consistió en vender la capacidad de escribir en un nuevo mercado del trabajo que se abrió entonces, el *mercado de la escritura*. Los dos principales compradores que el escritor encontró fueron: los políticos, de quienes se volvieron escribas de discursos, proclamas y aun leyes (tarea que hasta hoy han seguido haciendo) y los directores de periódicos que, como los políticos, frecuentemente los borraron en tanto personalidades, eliminando sus nombres al pie de sus escritos...[20]

No se puede descartar el compromiso literario de los modernistas con sus crónicas simplemente por su condición de trabajo pago y sometido a condicionamientos de política editorial. Aunque los propios modernistas hayan ayudado, a través de sus abundantes quejas, al temprano desinterés crítico hacia esos textos. "Lo primero que se hace al periodista, al ocupar su puesto en la redacción, es despojarlo de la cualidad indispensable al escritor: de su propia personalidad", escribía Julián del Casal.[21]

Y Rubén Darío:

> La tarea de un literato en un diario, es penosa sobremanera. Primero, los recelos de los periodistas. El repórter se siente usurpado, y con razón. El literato puede hacer un reportaje: *el repórter no puede tener eso que se llama sencillamente estilo*. [...] En resumen: debe pagarse [...] al literato por calidad, al periodista por cantidad: sea aquélla de arte, de idea, ésta de información.[22]

---

[20] *La ciudad letrada*, pp. 122-123. Sobre las dificultades de publicación, véase el capítulo anterior.
[21] Julián del Casal en *Crónicas habaneras*, comp. A. Augier (Las Villas: Universidad Central de Las Villas, 1963), pp. 287-288.
[22] Darío en "La enfermedad del diario", *Escritos inéditos,* E. K. Mapes, ed. (Nueva York: Instituto de las Españas, 1958), p. 51.

Y Gutiérrez Nájera:

> La crónica, señoras y señoritas, es, en los días que corren, un anacronismo [...] ha muerto a manos del *repórter* [...] La pobre crónica, de tracción animal, no puede competir con esos trenes-relámpago. ¿Y qué nos queda a nosotros, míseros cronistas, contemporáneos de la diligencia, llamada así gratuitamente? Llegamos al banquete a la hora de los postres. ¿Sirvo a usted, señorita, un *pousse-café*? ¿Queda alguna botella de champagne?[23]

Gutiérrez Nájera define así su trabajo de cronista, su trabajo de columpio del "sutil rasgo de ingenio, la alusión traviesa" o "la saltarina paradoja". Y, cruel consigo mismo, exacerba su supuesto galicismo mental, escribiendo directamente en francés que su papel es *"Amuser les gens qui passent, leur plaire aujord'hui et recommencer le lendemain, voilá, mesdames, ma devise!"*[24]

Martí también se sumaba al coro de lamentos modernistas:

> El escritor diario no puede pretender ser sublime. Semejante pujo para en extravagancia. Lo sublime es la esencia de la vida: la montaña remata en pico: lo sublime es como pico de montaña. [...] Esa perpetua altitud queda para los que son dueños de sí mismos, y pueden esperar la hora de la inspiración [...]. Pero el que no es dueño de sí, y no puede esperar la hora ha de aprovecharla, si le suspende, pero no ha de forzarla. Que la inspiración es dama, que huye de quien la busca. El escritor diario, que puede ser sublime a las veces, ha de contentarse con ser agradable [XXI, 254].

Los modernistas suscribieron esta queja, aunque ninguno podía negar el esmero que a la vez ponían en sus textos y, además, es difícil que esta actividad cotidiana no se reflejara a la vez en el

---

[23] "I. Crónica", en *Obras inéditas,* ed. E. K. Mapes (Nueva York, Hispanic Institute, 1943), p. 7. Cursivas en el original.
[24] *Ibidem,* pp. 10-11. Cursivas en el original.

resto de la obra creativa. "Pasaba, pues, mi vida bonaerense escribiendo artículos para *La Nación* y versos que fueron más tarde mis *Prosas profanas*", dice Darío en su *Autobiografía*.[25] Y, hasta más importante, confiesa que "es en ese periódico donde comprendí a mi manera el *manejo del estilo* y que en ese momento fueron mis maestros de prosa dos hombres muy diferentes: Paul Groussac y Santiago Estrada, además de José Martí".[26] La confesión, viniendo del mismo Darío, que justamente diferencia al verdadero escritor del mero *reporter* por el *manejo del estilo*, llama la atención: el estilo era la esencia de la especificidad del discurso literario. Y Darío, el gran esteta, revela haberlo aprendido de la prosa periodística.

Julián del Casal y Gutiérrez Nájera aceptaban, a pesar de sus lamentos en contra, que el periodismo "constituye una gimnasia de estilo" (la frase es de Darío). Martí a veces escribía de pie, en pocas horas y no siempre podía releer esas crónicas admiradas por Sarmiento y Darío, de las que habla como de "esos míseros retazos de periódicos que ustedes me celebran", retazos o "niñeces" que envía diciendo: "Ni lea lo que le mando...", pero sufre si no le publican sus textos: "la verdad es que me tenía un poco amostazado el no verlas publicadas".[27]

Y, en verdad, *la crónica es el laboratorio de ensayo del "estilo"* —como diría Darío— modernista, el lugar del nacimiento y transformación de la escritura, el espacio de *difusión y contagio* de una sensibilidad y de una forma de entender lo literario que tiene que ver con la belleza, con la selección consciente del lenguaje; con el trabajo por medio de imágenes sensoriales y símbolos, con la mixtura de lo extranjero y lo propio, de los estilos, de los géneros, de las artes. Lamentos aparte: *el camino poético comenzó en los periódicos* y fue allí donde algunos modernistas consolidaron lo mejor de su obra.

---

[25] Darío, *Autobiografía* (Buenos Aires: Marymar, 1976), p. 63.
[26] *Ibidem*, cursivas en el original.
[27] Citas de Cintio Vitier y Fina García Marruz en "Las cartas de Martí", *Temas martianos, op. cit.*, pp. 317-318.

Como se ha dicho ya, es en un medio periodístico donde aparece el primer pronunciamiento acerca de la nueva poética. En el editorial del segundo número de la *Revista Venezolana* José Martí escribe lo que pareciera ser el abecedario de la estética modernista, a citar pese a su extensión. Primero, muestra la clara conciencia de que cada ocasión merece su lenguaje específico:

> *De esmerado y pulcro* han motejado algunos el estilo de algunas de las sencillas producciones que vieron la luz en nuestro número anterior. No es la defensa, sino la aclaración, la que aquí hacemos. Uno es el lenguaje del gabinete: otro el del agitado parlamento. Una lengua habla la áspera polémica: otra es la reposada biografía. [...] De aquí que un mismo hombre hable distinta lengua cuando vuelve los ojos ahondadores a las épocas muertas, y cuando, con las angustias y las iras del soldado en batalla, esgrime el arma nueva en la colérica lid de la presente.[28]

No se trata sólo de ser capaz de variar la forma y el estilo, sino de adaptarse a la señal de los tiempos:

> Está además cada época en el lenguaje en que ella hablaba como en los hechos que en ella acontecieron, y *ni debe poner mano en una época quien no la conozca como a cosa propia,* ni conociéndola de esta manera es dable esquivar el encanto y unidad artística que lleva a decir las cosas en el que fue su natural lenguaje. Éste es el color, y el ambiente, y la gracia, y la riqueza del estilo. *No se ha de pintar cielo de Egipto con brumas de Londres; ni el verdor juvenil de nuestros valles con aquel verde pálido de Arcadia, o verde lúgubre del Erín. La frase tiene sus lujos, como el vestido,* y cual viste la lana, y cual la seda, y cual se enoja porque siendo la lana su vestido no gusta de que sea de seda el del otro. Pues, *¿cuándo empezó a ser condición mala el esmero?*

---

[28] Todos los textos citados de los dos números de la *Revista Venezolana* que Martí llegó a editar, son copia fiel de los originales reproducidos en microfilme por la Hemeroteca de la Biblioteca Nacional de Caracas. Las cursivas son mías, y

Y entonces, agrega una de sus reflexiones centrales:

> Sólo que aumentan las verdades con los días, y es fuerza que se abra paso esta verdad acerca del estilo: *el escritor ha de pintar, como el pintor*. No hay razón para que el uno use de diversos colores, y no el otro. Con las zonas se cambia de atmósfera, y con los asuntos de lenguaje. *Que la sencillez sea la condición recomendable, no quiere decir que se excluya del traje un elegante adorno*. De *arcaico* se tachará unas veces, de las raras en que escriba, al director de la *Revista Venezolana*; y se le tachará en otros de *neólogo*: usará de lo antiguo cuando sea bueno, y creará lo nuevo cuando sea necesario: no hay por qué invalidar vocablos útiles, ni por qué cejar en la faena de dar palabras nuevas á ideas nuevas.

En el primer número de ese medio periodístico Martí expone sus motivaciones, fácilmente extensibles al primer impulso modernista:

> á poner humildísima mano en el creciente hervor continental; á empujar con los hombros juveniles la poderosa ola americana; á ayudar a la creación indispensable de las divinidades nuevas; á atajar todo pensamiento encaminado á mermar de su tamaño de portento nuestro pasado milagroso; á descubrir con celo de geógrafo, los orígenes de esta poesía de nuestro mundo, cuyos cauces y manantiales genuinos, más propios y más hondos que los de poesía alguna sabida, no se esconden por cierto en esos libros pálidos y entecos que nos vienen de tierras fatigadas; á recoger con piedad de hijo, para sustento nuestro, ese polvo de gloria que es aquí natural elemento de la tierra, y á tender á los artífices gallardos las manos cariñosas, en demanda de copas de oro en que servirlos á las gentes —aún no bas-

---

demuestran cómo las urgencias del periodismo no siempre estaban reñidas con un manejo de la escritura "esmerado y pulcro". Las siguientes citas son de "El carácter de la *Revista Venezolana*", 15 de julio de 1881.

tante absortas: á eso viene, con más amor que fuerza, y más brío que aptitudes, la *Revista Venezolana*.[29]

Y, sin embargo, ¿por qué todas las quejas? Tal vez porque, en el fondo, los mismos modernistas no entendían los verdaderos alcances de su profesionalización y se habían contagiado de los principios burgueses, según los cuales arte y mercancía, lo útil y lo sublime, el dinero y la creación, eran polos opuestos. De hecho, escritores como Calixto Oyuela rechazaban cualquier pago para el verdadero artista, quien debía acercarse reverente a la literatura con "il lungo studio e il grande amore", sacrificando los "goces y triunfos que más seducen al mundo", y sin edificar "Bolsas de comercio para la cotización de sus 'productos intelectuales'".[30]

Françoise Perús sostiene que el empeño por distinguir tan cuidadosamente la prosa poética de la actividad periodística respondía tanto a la supervivencia de valores señoriales como a la voluntad de defensa del estatuto social del escritor y la autonomía del quehacer artístico.[31]

La aclaración es ambigua. Tal vez es más claro el concepto de Walter Benjamin cuando habla de "pérdida del aura" en el sentido que le dio al aura Karl Marx; es decir, que la burguesía había despojado de su aura a toda actividad hasta ese momento honrada y mirada con reverente respeto, había transformado al doctor,

---

[29] "Propósitos", *Revista Venezolana*, 1° de julio de 1881.
[30] Calixto Oyuela, "Asociaciones literarias", *Estudios literarios* (Buenos Aires: Academia Argentina de Letras), II, p. 364.
[31] Y agrega dos observaciones: una, que los *croniqueurs*, para diferenciarse de los "vulgares *reporters*", se consagraron a un tipo de prensa de "carácter doctrinal, estilo francés, dirigida a un público más 'selecto'", en lugar de centrarse en la información, "basada en la noticia y la sensación, de estilo norteamericano, dirigida a los sectores medios de reciente constitución". La segunda observación es que "la compartimentación entre ambas actividades —y también entre ambos públicos— nunca es tan tajante: no hay que olvidar que la prensa fue el portavoz de la obra crítica y de la fama de un Darío". Perús, pp. 86-88.

al abogado, al sacerdote y al poeta en sus trabajadores asalariados. Para Marx, el aura era el símbolo que dividía lo sagrado y lo profano, separando la figura portadora con un halo radiante de las presiones a su alrededor.

Con el surgimiento de la burguesía, tanto las artes, las ciencias como las teorías sociales pasaron a ser meros modos de producción.[32] Los escritores se vieron asimilados ya no al patriciado, con el que venían identificados aunque fuere por razones de cultura, sino a la moderna clase trabajadora, con la cual no tenían más en común que el hecho de ser asalariados.

Los creadores vieron depender sus empleos del éxito que tuviera su trabajo en el incremento del capital: era una novedad traumática. Los modernistas —embebidos del sacerdocio romántico del arte— enfrentaron el hecho de que debían venderse a sí mismos por partes, que sus textos eran una mercadería como cualquier otro artículo de comercio y que estaban expuestos a las fluctuaciones del mercado, como se lee en la citada carta de Mitre a Martí. O como el mismo Martí replica en una carta: "¡Qué mayor tormento quiere usted que sentirse capaz de lo grandioso, y vivir obligado a lo pueril!"[33]

Pero, exigencias del mercado aparte, sin duda Martí seguía comprometiéndose con sus textos periodísticos con tanto "esmero y pulcritud" como lo había confesado en la *Revista Venezolana*. De Darío ya se ha visto cómo declara maestros de su prosa a los textos periodísticos; por su parte, Sarmiento admiraba de tal modo la escritura del cubano como para pedirle a Paul Groussac que tradujera al francés una crónica "de una elocuencia áspera, capitosa, relampagueadora, que se cierne en las alturas sobre nuestras cabezas", porque "en español nada hay que se parezca a la salida

---

[32] Sobre la pérdida del aura en relación con el nuevo mercado burgués, véase Marshall Berman, pp. 476 y ss.
[33] Citado por Félix Lizaso, *Martí. Místico del deber* (Buenos Aires: Losada, 1940), página 233.

de bramidos de Martí, y después de Victor Hugo nada presenta la Francia de esta resonancia de metal". No obstante, Sarmiento le exigió a Martí ser —como corresponsal en Nueva York— "un ojo nuestro que contemple el movimiento humano donde es más acelerado, más intelectual, más libre [...] para señalarnos el buen camino",[34] el autor de *Facundo* reprobaba lo que en verdad hace de las crónicas un género literario: "Quisiera que Martí nos diera menos Martí, menos latino, menos español de raza y menos americano del Sur, por un poco más del yankee".[35]

Martí parecía consciente de que el periodismo permitía a los escritores lo que no le deparaba el mercado de los libros: la democratización de la escritura. Es decir: acceso a más público a través de un instrumento en el que podían trabajar no sólo las élites, sino las capas medias. En el prólogo al poema de Pérez Bonalde, manifestaba estar asistiendo a una "descentralización de la inteligencia" y que lo bello era "dominio de todos".

El problema es que en el fondo, como se ha visto, en ese entonces el arte seguía relacionado íntimamente con la idea de minoría, de "elegidos"; era demasiado difícil dar un salto tan grande en la propia cultura como para que los modernistas pudieran comprender que en el periodismo estaban haciendo una versión propia de la literatura popular, o al menos más masiva que sus textos poéticos. Demasiado quizá fue ya el hecho de haber sido capaces de amoldarse a su tiempo, produciendo —con o sin conciencia de ello— un nuevo género literario, que era el signo de una época; es indudable que, además de las limitaciones editoriales, enfrentaron el prejuicio propio acerca de las divisiones establecidas entre arte y no arte, literatura y cultura de masas.

Es cierto que también la función del periodismo era discutida. Aunque Martí pensaba que la prensa periódica tenía "altísimas misiones" tales como explicar, fortalecer y aconsejar, y no "informar ligera y frívolamente sobre los hechos que acaecen", lo cier-

---

[34] Las expresiones de Sarmiento aparecen citadas por Gonzalo de Quesada, p. 113.
[35] *Ibidem*, p. 107.

to es que sus contemporáneos eran escépticos acerca de ese tipo de calificativos. Por ejemplo, Joaquín V. González decía en 1888 que "la prensa es un monstruo que devora en un día enormes cantidades de ideas", que luego son fundidas y metodizadas por el periodista "como si se tratara de una fábrica".[36] Los culpables mayores eran: el despreciado público-vulgo que satisfacía en ese "libro diario" la "escasa necesidad de las inteligencias", el mercado de consumo que todo lo convertía en mercancía y, especialmente, la velocidad con la que se debía escribir, por la cual "la literatura periodística raras veces se levanta a las alturas de la belleza". Es similar la opinión de González Prada, especialmente en lo que se refiere al público:

> el periodismo no deja de producir enormes daños. Difunde una literatura de clichés o fórmulas estereotipadas, favorece la pereza intelectual de las muchedumbres y mata o adormece las iniciativas individuales. Abundan cerebros que no funcionan hasta que su diario les imprime la sacudida: especie de lámparas eléctricas, sólo se inflaman cuando la corriente parte de la oficina central.[37]

Lejos aún en el tiempo de formulaciones teóricas como la famosa de Marshall McLuhan de "el medio es el mensaje", Martí insistía en otro tipo de actitud y de objetivo, lo cual significa, simplemente, que coexistían *reporter* y escritores en un mismo espacio, además de periodismos de diferentes calidades. Para él los diarios no sólo no favorecían la pereza de las muchedumbres, sino que su deber era "hacer asistir a los teatros" a "los pobres y a los perezosos", debía "extractando en libros, facilitar su lectura a los pobres de tiempo, o de voluntad o de dinero", debía ser "útil, sano, ele-

---

[36] Joaquín V. González, "El periodismo y la literatura", en *Obras completas* (Universidad Nacional de la Plata, 1936), XVIII, 344. Las citas siguientes aparecen en la misma página.

[37] Manuel González Prada, "Nuestro periodismo", en *Horas de lucha* (Callao: Lux, 1924), p. 113.

gante, oportuno, valiente", debía aportar a las personas lo que "puedan necesitar saber" (XVIII, 513).

Aunque Casal dijera que los diarios lo despojaban de su personalidad, es más cierta la afirmación de Darío acerca de que los textos modernistas se diferenciaban claramente de los artículos periodísticos gracias a su *estilo*.[38] No se pueden negar las limitaciones y presiones editoriales, ni tampoco la velocidad exigida en las redacciones: puede decirse que las crónicas son *literatura bajo presión*, mas no por eso menos literatura. ¿Y qué pensar si no de la calidad de esos textos no perecederos —una característica del periodismo es la temporalidad y no sólo del referente sino del interés que produce en el lector—, qué pensar del cuidado consciente con que eran elaborados? Son de Martí estas ideas:

---

[38] Es ilustrativa la explicación de 1898 de Juan Valera, contemporáneo de los modernistas. Citada por Acosta Montoro, *Periodismo y literatura*, pp. 83-84: "Lo que distingue al periodista de cualquier otro escritor, poco o nada tiene que ver con la literatura. La distinción que le da carácter propio es independiente de ella. Se llama periodista al literato que escribe con frecuencia o casi de diario un pliego grande o hoja volante, que se estampa periódicamente y se difunde entre el público, a veces por centenares de miles de ejemplares. Cuando se logra que estos centenares de miles de ejemplares sean comprados y leídos, el periodista que dispone de ellos y escribe, dicta o inspira su contenido no puede negarse que posee un instrumento poderosísimo para influir en la opinión, para modificarla. El libro es un medio de publicidad y el periódico es otro. De ambos medios se vale o puede valerse el escritor, pero hay, en realidad, diferencia literaria entre ambos medios. De una serie de artículos se forma a menudo un libro, y de fragmentos o pedazos de un libro se hacen a menudo también no pocos artículos de periódicos. Tan cierto es lo dicho, que no hay arte de escribir o de hablar donde, entre los diversos géneros de discursos escritos o hablados, se califique al periódico como género aparte. Hay poesía y prosa. La poesía es o puede ser lírica, épica y dramática, con no pocas subdivisiones o especies híbridas, como elegías, sátiras, epístolas y fábulas. La prosa puede ser didáctica o no didáctica, dirigirse a enseñar, a deleitar o a ambos fines; puede ser narración verdadera o fingida, y llamarse historia, novela o cuento. En suma, y para no fatigar a nadie, ¿quién desconoce o ignora los diferentes géneros en que pueden dividirse los escritos, ya por los asun-

> Que un periódico sea literario no depende de que se vierta en él mucha literatura, sino que se escriba literariamente todo. En cada artículo debe verse la mano enguantada que lo escribe, y los labios sin mancha que lo dictan... [XVIII, 513].

En un lugar discursivo heterogéneo como aún era el periodismo, los literatos recurren a la estilización para diferenciarse del mero *reporter*, para que se note el sujeto literario y específico que ha producido la crónica. Así, "el énfasis del 'estilo' (dispositivo de especificación del sujeto literario a fin de siglo) sólo adquiere densidad en proporción inversa a los lugares 'antiestéticos' (el periódico) en que opera".[39]

Esto revela también la presencia de un género nuevo donde comunicación y creación, información, presiones externas y arte parecían reñidas, pero terminaron encontrando en las crónicas su espacio de resolución. Tanto es así que, si como material periodístico las crónicas debían presentar un alto grado de *referencialidad y actualidad* (la noticia), como material literario han logrado sobrevivir en la historia una vez que los hechos narrados y su cercanía perdieron toda significación inmediata, para revelar *el valor textual en toda su autonomía*.

---

tos de que se trata, ya por la manera en que son tratados los asuntos? ¿Hay entre estos géneros modo de calificar, distinguir y separar de los otros y determinar un género especial que llamamos periódico? Yo creo que no lo hay. Al contrario, cuantos son los tonos, géneros y maneras de escribir, caben en el periodismo. Y nada hay que no pueda insertarse con éxito en los periódicos, cuando la inserción es oportuna y atinada. La cuestión está en que venga a cuento o a pelo lo que se inserta, presuponiendo que no es malo o tonto, sino que es ameno o instructivo. Y no se arguya con que la brevedad, el laconismo, el arte de decir mucho en pocas palabras, es especial condición del estilo periodístico. Obras maestras, dechado de estilo conciso, son, por ejemplo, no pocos diálogos y obrillas de Leopardi, y yo no sé que al escribirlas pensase en que iba a insertarlas en un periódico. En tiempo de Luciano no consta que los hubiese, y Luciano, no obstante, compuso multitud de obrillas tan cortas y ligeras que muchas no tienen más que una página".
[39] Julio Ramos, p. 178.

Hay una descripción de Manuel Bueno que ayuda a aclarar las diferencias.

> En las redacciones de los periódicos, cuando asoma un escritor con ideas, un poco culto y dotado de cierta pulcritud de léxico, suele decirse de él con una reticencia desdeñosa: es un literato. Luego, andando el tiempo, cuando aquel escritor ha contraído cierta anquilosis mental que le cohíbe para ver el espectáculo vario del universo, cuando su pensamiento tropieza espontáneamente con el tópico y la frase hecha, y avillana del todo el estilo con la descripción sistemática de la estepa y los sucesos pedestres que ocurren en nuestra sociedad, entonces acabamos por decir de él: "es un periodista".[40]

Es similar a lo que pensaba González Prada: en el periodismo se recurre con frecuencia al lugar común, al *clisé*. Es un poco como la diferencia que mucho tiempo después Roland Barthes habría de encontrar entre escritor y escribidor, entre *écrivain y écrivant*.[41] La verdadera literatura tiene que ir acompañada de un índice de *originalidad*, de lo opuesto al *clisé: la forma nueva de decir*.

Es obvio que no deja de interesar lo que los creadores opinaban sobre su obra, pero como bien ha dicho Benjamin: "En lugar de preguntar: '¿Cuál es la *actitud* de una obra hacia las relaciones de producción de su tiempo?', preguntaría, '¿cuál es su *posición* dentro de ellas?'"[42] Lo que define a los productos es su estatus social y no la conciencia del artista en su actividad.[43] Entonces, lo que importa no son las quejas modernistas, sino la realidad del nuevo modo de decir de sus crónicas, la concreta

---

[40] Manuel Bueno, "El periodista", citado por Acosta Montoro, p. 89.
[41] Roland Barthes, *Ensayos críticos*, trad. Carlos Pujol (Barcelona: Seix Barral), pp. 184-185.
[42] Walter Benjamin, "The Author as Producer", *Reflections*, ed. Dametz, trad. E. Jephcott (Nueva York: Schocken Books, 1986), p. 22.
[43] Peter Bürger, *Theory of the Avant-Garde*, trad. M. Shaw (Minneapolis: University of Minnesota Press, 1984), p. 59.

posición que ocuparon en su época. Como bien lo describió Martí:

> Y es que en América está ya en flor la gente nueva, que pide peso a la prosa y condición al verso y quiere trabajo y realidad en la política y en la literatura. Lo hinchado cansó, y la política hueca y rudimentaria, y aquella falsa lozanía de las letras que recuerda los perros aventados del loco de Cervantes. Es como una familia en América esta generación literaria, que principió por el rebusco limitado, y está ya en la elegancia suelta y concisa, y en la expresión artística y sincera, breve y tallada, del sentimiento personal y del juicio criollo y directo. [...] No se ha de decir lo raro, sino el instante raro de la emoción noble y graciosa.[44]

El nuevo modo de decir no era sólo un problema de estilo. La crónica habría de aportar no sólo una práctica de escritura a los modernistas, sino *una conciencia concreta de su instrumento y nuevas formas de percepción*. Porque terminó cambiando incluso la concepción de los *temas poetizables*: el hecho concreto, lo prosaico, la vida diaria, el instante, todo es capaz de convertirse en poesía, pasado a través "del alma" del poeta.

> Pero en la fábrica universal no hay cosa pequeña que no tenga en sí todos los gérmenes de las cosas grandes y el cielo gira y anda con sus tormentas, días y noches, y el hombre se revuelve y marcha con sus pasiones, fe y amarguras; y cuando ya no ven sus ojos las estrellas del cielo, los vuelve a las de su alma. [...] de aquí esa poesía íntima, confidencial y personal, necesaria consecuencia de los tiempos... [VII, 24].

"No hay hechos menores", "cada día es un poema", comentaba con entusiasmo Martí luego de alguna de sus lecturas del *Herald*. Y añadía: en un buen diario "todo palpita y centellea", los

---

[44] *Obras completas* (La Habana: Lex, 1946), I, p. 823.

periodistas son "verdaderos sacerdotes", los pueblos también se forjan día a día en "el centelleo y labor de encaje del periódico", los diarios pueden echar abajo "la selva humana".[45] Hay que dejar aparte los lamentos profesionales de este escritor —en especial desde que Martí tuvo acceso a los diarios norteamericanos—, porque si en 1875 en México aún pensaba que el diario era un mero vehículo de noticias con un propósito moral, en Nueva York llegó a afirmar: "la prensa es Vinci y D'Angelo".

Fina García Marruz, estudiando las crónicas martianas y la incorporación de lo cotidiano, dice que de no haber sido en el diario, "¿qué forma poética tradicional hubiera podido recibir tamaña carga de vida en sus hechos menudos y grandes, una operación de bolsa, o una pelea de boxeo, una campaña electoral o el paseo de una ardilla por el tronco de un árbol?" Y, aún más importante, continúa:

> Pero lo milagroso es que estas criaturas verbales, hechas para vivir una noche o una mañana, estén todavía vivas y como acabadas de salir de sus labios, con frescura inmarchitable. La humilde "crónica" se convirtió en sus manos en un extraordinario vehículo artístico.

Martí no fue el único escritor que convirtió la crónica en algo más que un urgente trozo de periodismo; pero fue, sin duda, uno de sus mejores artífices: cuánto influyó en los demás modernistas es algo que consta tanto en testimonios como en estudios especializados. Los modernistas a veces expresaron desdén por sus textos de *gagne pan*; no obstante, como lo observó Benjamin, las opiniones de los autores sobre sus propias obras no importan tanto como el lugar y el uso real de esas obras; porque

> Un autor que no le enseña nada a los escritores, no le enseña a nadie. Lo que importa, entonces, es el carácter ejemplar de la pro-

---

[45] Las frases de Martí acerca del periodismo fueron tomadas de Fina García Marruz, "El escritor", *Temas martianos*, pp. 194-195.

ducción: que sea capaz, primero, de inducir a otros productores a producir y, segundo, de poner a su disposición un instrumento mejorado.[46]

No es desdeñable cuán importante pudo ser la lectura de las crónicas para los poetas, ya que los periódicos fueron un extraordinario medio de comunicación y difusión de las nuevas literaturas: primero, porque los modernistas dieron a conocer en sus crónicas a los escritores europeos y americanos que admiraban; y segundo, porque la textura y estructura misma de su prosa estaban hechas con la nueva poética.

¿Por qué entonces —cabe preguntarse una vez más— tal resistencia a descubrir en la crónica toda su dimensión? Aún se puede volver sobre la idea burguesa de la oposición arte/dinero, sobre el difundido de que el arte requiere para su desarrollo independencia y libertad total, de que el control sobre los medios de producción equivale al control sobre cada producto. Estas teorías coincidirían en endilgarle a la poesía modernista la de ser un ceremonial ostentoso, con una función socioideológica que satisface el exclusivismo de la gran burguesía y no a la vida cotidiana.[47]

Ahora bien, sin negar la influencia que tiene sobre el conjunto el control de un medio de producción (como el periódico) y sin reconocer las ventajas ideales de la libertad total a la hora de la creación, es imposible no matizar tales afirmaciones. Porque si es incuestionable que los modernistas sufrieron presiones editoriales, también es un hecho que dichas presiones solían ser desoídas y por eso eran reiteradas. Desde que Martí inició su trabajo como corresponsal en Nueva York recibía cartas de recomendaciones de los editores y no por eso sacrificó su escritura en aras de conservar el empleo. Es más, prefirió renunciar a *La Opinión Nacional* antes que complacer las demandas del director Fausto Teodoro

---

[46] W. Benjamin, *op. cit.*, p. 233.
[47] B. Arbatov, *Arte y producción. El programa del productivismo*, trad. J. Fernández Sánchez (Madrid: Comunicación, Serie B, 1973), pp. 11-22. Véase el capítulo anterior.

Aldrey, quien había relegado la Sección Constante. Desde el principio de su trabajo para *La Nación* Bartolomé Mitre le pidió moderación en los juicios sobre el sistema norteamericano: Martí siguió emitiendo sus críticas y Mitre no prescindió de él como corresponsal. Hubo límites, mas no corsés que impidieran *todo* movimiento de la imaginación y la palabra.

Tómese o no más o menos en cuenta la realidad de los condicionamientos periodísticos —mucho más determinante es la exigencia referencial al texto, por ejemplo—, lo evidente es que ellos constituyeron el género sin restarle méritos literarios. John Dewey observa con relación al arte: "el mecánico inteligente, comprometido con su trabajo, interesado en hacerlo bien y que encuentra satisfacción en su labor manual, cuidando por sus materiales y herramientas con afecto genuino, está comprometido artísticamente".[48]

Como se afirmó antes, la verdadera literatura tiene que ir acompañada de un índice de originalidad, de lo opuesto al *clisé*, de la forma nueva de decir. La crónica modernista, con toda su aprobación transculturada del impresionismo, el expresionismo, el simbolismo, el parnasianismo, la imagen sensorial, la velocidad vital, el pitagorismo, el trascendentalismo, el krausismo, los recursos de las otras artes y del periodismo mismo, cumplía con los requisitos kantianos para ser considerada obra de arte: originalidad y ejemplaridad. La escritura de las crónicas modernistas no se puede considerar, estrictamente hablando, imitación de nada; es la creación de un *eidos* "y no es un 'ejemplar' entre otros —porque *pone y hace ser* a las reglas, a las *normas nuevas y otras*, que son *origo*"—.[49]

---

[48] John Dewey, *El arte como experiencia* (México: Fondo de Cultura Económica, 1949), pp. 6-7.
[49] Cornelius Castoriardis, pp. 16-17. Iván Schulman asegura que la renovación literaria de Hispanoamérica se manifiesta primero en la prosa de José Martí y Manuel Gutiérrez Nájera, quienes, entre 1875 y 1882, cultivaban distintas e innovadoras maneras expresivas: "Nájera, una prosa de patente filiación francesa, reveladora

El problema era que los modernistas comprendieran el comienzo de lo que luego sería la profesionalización del escritor. Balzac, mucho más pragmático, había redactado un código literario que concedía el derecho de pensión al redactor que durante 10 años consecutivos hubiese publicado más de 40 trabajos anuales.[50] En América Latina aún faltaba mucho para que los escritores aceptaran como digna su condición de trabajadores de la cultura, aunque había países como la Argentina que desde mediados del siglo XIX incorporaron a su Constitución algún artículo de protección a los derechos de autor. Martí tuvo cierta conciencia, como lo prueban su interés por la defensa de la propiedad intelectual y sus continuas protestas en la correspondencia a Manuel Mercado porque una veintena de diarios reproducían sus textos sin pagárselos, aunque cubriéndolos de encomios.

José Martí y los modernistas crearon una nueva prosa en Hispanoamérica, pero no por eso se sintieron recompensados como escritores. Como dice el narrador de *Amistad funesta*:

> A manejar la lengua hablada y escrita les enseñan, como único modo de vivir, en pueblos en que las artes delicadas que nacen del cultivo del idioma no tienen el número suficiente, no ya de consumidores, de apreciadores siquiera, que recompensen con el precio justo de esos trabajos exquisitos, la labor intelectual de nuestros espíritus privilegiados [XXVIII, 198].

---

de la presencia del simbolismo, parnasianismo, impresionismo y expresionismo, y Martí, una prosa que incorporó estas mismas influencias dentro de estructuras de raíz hispánica. Por consiguiente, es en la prosa, tan injustamente arrinconada, donde primero se perfila la estética modernista". "Reflexiones en torno a la definición del modernismo", *Estudios críticos sobre el modernismo,* Homero Castillo, ed. (Madrid: Gredos, 1968), p. 329.

[50] El dato es de Juan Beneyto, *Mass Comunications* (Madrid: Instituto de Estudios Políticos, 1957), p. 81.

Los antecedentes de la crónica

LA CRÓNICA TIENE COMO ANTECEDENTE EL CUADRO DE COSTUMBRES francés e inglés. Sus mejores exponentes hispanoamericanos son el peruano Ricardo Palma (*Tradiciones peruanas*) y el español Mariano José de Larra, tan críticos y a la vez formuladores filológicos de "tipos" humanos de la tradición nacional.[51] Estos cuadros de costumbres eran *tableaux vivants* generalmente anclados en el pasado —aunque algunas notas de Larra hicieron referencias a la actualidad— y que cumplían un papel racionalizador similar al del resto de la literatura de la época: ordenar el espacio de representación nacional.[52]

Tiene otro antecedente no menos importante: la *chronique* periodística francesa de mediados del siglo XIX, especialmente el *fait divers* de *Le Figaro* de París. La *chronique* era el lugar de las variedades, de los hechos curiosos y sin la relevancia suficiente como para aparecer en las secciones "serias" del periódico.[53] Es decir que la crónica viene del periodismo, de la literatura y de la filología, para introducirse en el mercado como una suerte de *arqueología del presente* que se dedica a los hechos menudos y cuyo interés central no es informar sino divertir. Por definición, sus precursores en América Latina son Manuel Gutiérrez Nájera (en *El Nacional* de México, 1880) y José Martí (en *La Opinión Nacional*, 1881-1882,

---

[51] Véase George Weil, *El diario. Historia y función de la prensa periódica* (México: Fondo de Cultura Económica, 1941); Margarita Ucelay da Cal, *Los españoles pintados por sí mismos (1843-1844). Estudio de un género costumbrista* (México: El Colegio de México, 1951), pp. 164-166.

[52] "La primera de las grandes operaciones de la disciplina es, pues, la constitución de 'cuadros vivos' que transforman las multitudes confusas, inútiles o peligrosas, en multiplicidades ordenadas." Y agrega más adelante sobre el antecedente: "El cuadro, en el siglo XVIII, es a la vez una técnica de poder y un procedimiento de saber. Se trata de organizar lo múltiple, de procurarse un instrumento para recorrerlo y dominarlo; se trata de imponerle un 'orden'". M. Foucault, *op. cit.*, p. 152.

[53] *Historie générale de la presse française* (París: Presses Universitaires de France, 1969), II, pp. 298-302.

y *La Nación* 1882-1895), quienes no se conformaron con la escritura como mero entretenimiento sino que le imprimieron al espacio de la crónica un vuelco literario.

En el caso de Gutiérrez Nájera resuena más el estilo ligero de la *chronique*, con un tono mundano y abundantes galicismos. Sin embargo, la vocación de escritura en estos textos los acercaba tanto a la literatura que, como ya se mostró, muchas crónicas tomaron muy rápidamente el lugar del cuento.

En cambio Martí, aún en la "Sección Constante", auténtica vitrina de variedades que mantuvo en *La Opinión Nacional* de Caracas entre noviembre de 1881 y junio de 1882, nunca llegó a resultar frívolo. Con tendencia a la oratoria sopesaba cada vocablo con tal precisión, que a veces debió recurrir tanto a arcaísmos como a neologismos. Martí era ameno y variado: saltaba de los consejos de dormir con gorra a la porcelana adecuada para un buen juego de té, pasaba por las guerras, los detalles de la política internacional, la educación, la arquitectura, la moda y muy especialmente los adelantos de la ciencia y los grandes valores literarios. Y nunca cesa de reflexionar sobre la ética y la condición humana a través de imágenes muy cuidadas, de información exhaustiva, de gracia narrativa y de un aliento donde hasta las minucias tendían a armar un conjunto armónico y más trascendente.

Nada era pequeño o poco interesante, nada era ignorado por esa mirada de cronista que sabe encontrarle un sentido para la cultura y el hombre de la ciudad.

La variedad era, sin duda, un reto. Para Gutiérrez Nájera era, más bien, un requisito absurdo, porque —según decía— el periodista debía "partirse en mil pedazos y quedar entero". Así:

> Ayer fue economista, hoy es teólogo, mañana será hebraizante o tahonero. Es necesario que sepa cómo se hace el buen pan y cuáles son las leyes de la evolución; no hay ciencia que no esté obligado a conocer, ni arte cuyos secretos deben ser ignorados por su entendimiento; la misma pluma con que anoche dibujó la crónica del baile o del teatro, le servirá para trazar hoy un artículo sobre ferrocarriles o so-

bre bancos, y todo eso sin que la premura del tiempo le permita abrir un libro o consultar un diccionario.[54]

Aunque Martí había escrito como colaborador local del periodismo tanto en México como en Caracas, su verdadero trabajo comenzó como corresponsal de *La Opinión Nacional* desde Nueva York, inaugurando por primera vez ese papel entre los hispanoamericanos.

Más respetuoso de la necesidad de informar al lector que Gutiérrez Nájera, no por eso dejó de escribir las crónicas con el mismo esmero que cualquier otro texto literario:

> Es mal mío no concebir nada en retazos, y querer cargar de esencia los pequeños moldes, y *hacer los artículos de diario como si fueran libros,* por lo cual no escribo con sosiego, ni con mi verdadero modo de escribir, sino cuando siento que escribo para gentes que han de amarme, y cuando puedo, en pequeñas obras sucesivas, ir contorneando insensiblemente en lo exterior la obra previa hecha ya en mí [IX, 16].

Si bien mantuvo el estilo de crónica francesa en cuanto a vitrina de variedades, en las "Cartas" enviadas desde Nueva York durante más de una década a toda América, algunos de sus mejores textos se dedican a un solo tema rompiendo con la tradición de *Le Figaro:* el puente de Brooklyn, el terremoto de Charleston, Emerson, Longfellow, Walt Whitman, Jesse James.

El periodismo norteamericano

ES INDUDABLE QUE EN ESTE Y OTROS CAMBIOS, PRIMÓ LA ENSEÑANZA DEL periodismo norteamericano. Martí fue gran lector de la prensa

---

[54] Citado por Boyd G. Carter en "Estudio preliminar", en *Divagaciones y fantasías. Crónicas de Manuel Gutiérrez Nájera* (México: SepSetentas, 1974), p. 14.

neoyorquina. Admiraba por ejemplo al *Herald*, que desde hacía medio siglo había inaugurado las grandes coberturas y las ediciones especiales dedicadas a un solo tema de interés. Fue colaborador de *The Hour* y aún más del diario *The Sun* de Charles Danah, quien incluso llegó a escribir el obituario de Martí.

The Sun fue "el puente entre la vieja prensa y el nuevo periodismo que se estaba desarrollando antes de fin de siglo".[55] Como los más grandes diarios de Nueva York, dedicaba los editoriales y el estilo de escritura a un público de trabajadores, pequeños mercaderes e inmigrantes. La lección de *The Sun* fue muy importante para el Martí cronista: el objetivo confeso de Danah era presentar del modo más luminoso una fotografía diaria de las cosas del mundo. Hizo su periódico con escritores, con páginas simples y claras: una fotografía de la gente de Nueva York. Manifestaba interés por la política, la economía y el gobierno, pero sabía que primero "está la gente".[56] Uno de sus biógrafos asegura que "tenía el indefinible instinto periodístico que sabía cuándo un gato en las escaleras del City Hall es más importante que una crisis en los Balcanes".[57]

Era el nuevo periodismo del momento: investigar hasta el fondo —como exigía Pulitzer—, usar recursos narrativos para llamar la atención y hacer vívida la noticia, dedicar enormes extensiones a una información que podía parecer menor pero que interesaba al hombre de la calle. Era la época de las grandes cruzadas editoriales y de los corresponsales de guerra en el extranjero, de la prensa sensacionalista. En Nueva York, Martí leía y admiraba a escri-

---

[55] Edwin y Michael Emery, *The Press and America. An Interpretative History of the Mass Media* (Englewood Cliffs: Prentice-Hall, 1978), p. 188. También: Michael Schudson, *Discovering the News. A Social History of American Newspapers* (Nueva York: Basic Books, 1976); Shelley Fisher Fishkin, *Fact to Fiction. Journalism & Imaginative Writing in America* (Baltimore y Londres: The Johns Hopkins University Press, 1983); Sidney Kobre, *Development of American Journalism* (Iowa: W.H.C. Brown Company Pub., 1969).

[56] Sidney Kobre, p. 368.

[57] Frank M. O'Brien, *The Story of The Sun* (Nueva York: George H. Doran, 1918), p. 231.

tores-periodistas como Mark Twain y Walt Whitman, y se dejaba deslumbrar por Jacob Riis, el danés crítico del sistema capitalista cuyas crónicas sobre los barrios bajos de Nueva York y su defensa de las pequeñas gentes fueron un escándalo y tuvieron tal éxito que se recopilaron en el libro *How the Other Half Lives* (1890).[58]

¿Qué mejor enseñanza para estar "donde las cosas suceden" para una literatura como la modernista, que se quería capaz de seguir el ritmo de los cambios, que "refleje en sí misma las condiciones múltiples y confusas de esta época, condensadas, desprosadas, amenduladas, informadas por sumo genio artístico"? (XXI, 163). Como lo ha planteado Aníbal González Pérez: "en la crónica se puso a prueba la modernidad de la escritura modernista, y se llevó a la Literatura hasta el límite de sus capacidades para inscribir el momento presente".[59]

Si bien el mejor periodismo norteamericano no destacó —como las crónicas modernistas— la marca del sujeto literario, durante el siglo XIX la "objetividad" no fue una reivindicación de la especificidad de su discurso. El periodismo debía tomar partido, no ser neutral ni siquiera en la elección de las noticias: lo que primaba era el interés de los lectores locales.

El tema de la "objetividad" fue esgrimido más tarde por la agencia Associated Press que, como quería vender noticias a lo largo del país, trataba de elaborarlas del modo más "objetivo" (distante) para interesar a un público más vasto. Recién hacia fines del siglo *The New York Times* comenzó a tener éxito al imponer un modelo más "informativo" que el que se usaba hasta entonces.

Para entender el contexto periodístico de la crónica hispanoamericana es vital saber que la prensa europea tendía a editorializar más y que la norteamericana privilegiaba la noticia, aunque esto último, si bien es verdadero, sea parcial. La prensa más moderna que se estaba haciendo en Occidente era el periodismo documen-

---

[58] Jacob Riis, *How the Other Half Lives* (Nueva York: Hill and Wang, 1957); *Jacob Riis Revisited*, Francisco Cordasco, ed. (Nueva York: Doubleday, 1968).
[59] González Pérez, p. 96.

tal, entendido como una narración, porque *"the facts would be there, but their point was as often to entertain as to inform"*.[60] Es más, la puesta en escena de la información no era mérito exclusivo de los escritores, sino que tanto en la nueva profesión de los *reporters*, como en el afán por contar historias, se estaba menos interesado en los hechos que en crear una escritura popular y con un estilo personal.

Hacia 1890, los periodistas se consideraban a sí mismos como científicos o artistas del realismo: entendían por tal no sólo la función mimética de los textos, sino la identificación de la "realidad" con los fenómenos externos. Esto significa que, en medio del escepticismo de la época, se atuvieron a describir lo que les revelaban las ciencias naturales, físicas o sociales.[61]

La crónica modernista se distancia de la "externidad" de las descripciones, defendiendo el yo del sujeto literario y el derecho a la subjetividad. El dato es central para la definición del género: los *reporters* prefieren expresarse a través de las técnicas del realismo porque éste estaba más acorde con las tendencias cientificistas y les permitía diferenciarse de los literatos que los antecedieron. Los cronistas modernistas acentuaron el subjetivismo de la mirada y sobreescribieron, para diferenciarse de los *reporters*.

A Martí le desagradaba particularmente el realismo en el arte, porque "no se limita a copiar lo que es malo: exagera e inventa mayor maldad. No presenta con el mal su inmediato remedio: cae en el error de creer que el mal se cura con presentarlo exagerado". Como modernista, su objetivo era la belleza, la armonía, lo loable en el ser humano, aunque admitía de la escuela realista que:

> Nada es malo ni bueno en absoluto. Si por escuela realista se entendiese la copia fiel de los dolores sociales, no para justificar errores, no para darse el placer de presentar heridas que perpetuamente vierten sangre, sino para aislar y provocar antipatía a los errores que se presentan, y ver cómo se contiene la sangre que brota sin cesar de los

---

[60] *Discovering the News*, p. 64.
[61] *Ibidem*, pp. 71-74.

míseros vivos, fuera la escuela nueva racional y justa, y cumpliría en el teatro su obra de hacer bien [VI, 26].

La crónica como género

OTRO PROBLEMA A CONSIDERAR ES EL DE LA VERDAD, PLANTEADO YA POR Aristóteles: para él, los poetas —mentirosos por excelencia— debían preocuparse por la verosimilitud de sus invenciones. Ahora bien, la verosimilitud de una obra escrita es un elemento narrativo que no debe confundirse con la verdad; del efecto de verosimilitud tampoco se pueden derivar —puesto que se trata de esferas diferentes— conclusiones como que la ficción pertenece al campo literario y lo verdadero al periodismo.

Cuando el discurso periodístico perfiló en su autonomía el requisito de pertenecer a la esfera de lo factual —así como el discurso literario privilegió la esfera estética—, estaba apelando a un recurso de legitimación y diferenciación. El recurso de la "objetividad" —estrategia de la escritura— se fortaleció en el periodismo ya en el siglo XX, con la consolidación de las agencias internacionales de noticias.

La crítica literaria ha seguido repitiendo principios de la práctica burguesa, omitiendo datos históricos concretos como los anteriores, creando desde fines del siglo XIX y comienzos del XX nuevas especificidades de géneros que dejaban de lado la crónica por lo que podía tener de la esfera factual, como si lo estético y lo literario sólo pudieran aludir a lo emocional e imaginario.

Los sistemas de representación de la realidad están destinados al espacio público y su ejecución se ha visto delimitada desde entonces por categorías de verdad/falsedad impuestas al periodismo y la literatura. Se ha considerado lo creativo como exclusivo de un universo que vive y termina en sí, y todavía es costumbre difundida sostener que lo "literario" de un texto disminuye en relación directa con el aumento de la referencialidad a la realidad concreta. Éste es uno de los razonamientos que han entorpecido la evaluación de la crónica como literatura, y que tampoco le hace justicia al buen periodismo.

Se ha mezclado el referente real con el sistema de representación, la idea del hecho con la de su narración. Afirma Raymond Williams:

> De esto se derivaron dos graves consecuencias. Hubo una falsificación —falsa distancia— de lo "ficcional" o de lo "imaginario" (conectado con lo "subjetivo"). Y hubo una censura hacia el hecho de la escritura misma —como composición activa significante— dentro de la cual se distinguió la "práctica" de lo "factual", o de lo "discursivo". Estas consecuencias tienen una profunda relación. *Cambiar, por definición, lo "creativo" por lo "ficcional", o lo "imaginativo" por lo "imaginario", es deformar la práctica real de la escritura* bajo la presión interpretativa de ciertas tendencias específicas... Las dicotomías realidad/ficción y objetivo/subjetivo son las llaves teóricas e históricas de la teoría básica burguesa de la literatura, que ha controlado y especializado la actual multiplicidad de la escritura.[62]

La identificación de lo estético con lo ficticio ha alejado y debilitado al discurso literario del mundo de los acontecimientos, haciendo que parezca una actividad suplementaria y prescindible.[63]

El criterio de factualidad no debe incluir ni excluir a la crónica de la literatura o del periodismo. Lo que sí era y es un requisito de la crónica es su alta referencialidad —aunque esté expresada por un sujeto literario— y la temporalidad (la actualidad). Ortega y Gasset decía que el periodismo es "el arte del acontecimiento como tal": la crónica, entonces, era un relato de historia contemporánea, un relato de la historia de cada día.[64] ¿Qué mejor, enton-

---

[62] Raymond Williams, pp. 147-149.

[63] Véase Lennard J. Davis, "A Social History of Fact and Fiction: Authorial Disavowal in the Early English Novel", en *Literature and Society*, ed. Edward W. Said (Baltimore: The Johns Hopkins University Press, 1980), pp. 124 y ss.

[64] Citado por Antonio Gómez Alfaro, "Comunicación, periodismo, literatura", *Gaceta de La Prensa*, núm. 126, Madrid (1960), p. 8.

ces, para una literatura como la aspirada por José Martí, que "refleje en sí misma las condiciones múltiples y confusas de esta época, condensadas, desprosadas, ameduladas, informadas por sumo genio artístico"?

La condición de texto autónomo dentro de la esfera estético-literaria no depende ni del tema, ni de la referencialidad ni de la actualidad. Ya se ha dicho: muchas de las crónicas modernistas, al desprenderse de ambos elementos temporales, han seguido teniendo valor como objetos textuales en sí mismos. Es decir que, perdida con los años la significación principal que las crónicas pudieron tener para el público lector de aquel entonces, son discursos literarios por excelencia.

De acuerdo con Tinianov y Todorov, el discurso literario se caracteriza por el papel preponderante otorgado a las significaciones contextuales.[65] Es algo similar a lo que ocurre en el lenguaje poético, por lo que las crónicas no pueden ser vistas sólo como periodismo, como se ha visto, sino también deben ser consideradas como prosa poética.

No interesa tanto definir la expresión "prosa poética" oponiendo prosa y poesía, sino rescatar el hecho de que las crónicas también son discurso poético, ya que al leerlas aparece en primer plano la relación entre la denominación y el contexto enmarcante. Baste ver un par de ejemplos, tomados al azar:

> Nació en su país misterioso; el alma de la tierra en sus más enigmáticas manifestaciones, se le reveló en su infancia. Hoy es ya anciano; ha nevado mucho sobre él; la gloria le ha aureolado, como una magnificente aurora boreal. Vive allá, lejos, en su tierra de fjords y lluvias y brumas, bajo un cielo de luz caprichosa y esquiva. El mundo le mira como a un legendario habitante del reino polar. Quiénes, le creen un extravagante generoso, que grita a los hombres la palabra de su

---

[65] I. Tinianov, *El problema de la lengua ética* (Buenos Aires: Siglo XXI, 1972); Oswald Ducrot y Tzvetan Todorov, *Diccionario enciclopédico de las ciencias del lenguaje*, trad. E. Pezzoni (México: Siglo XXI, 1974).

sueño, desde su frío retiro; quiénes, un apóstol huraño; quiénes, un loco. ¡Enorme visionario de la nieve! Sus ojos ¡han contemplado las largas noches y el sol rojo que ensangrienta la obscuridad invernal; luego, miró la noche de la vida, lo obscuro de la humanidad. Su alma estará amargada hasta la muerte.

[...]

No es él, no, de los que echan a andar un pensamiento pordiosero, que va tropezando y arrastrando bajo la opulencia visible de sus vestiduras regias. Él no infla tomeguines para que parezcan águilas; él riega águilas, cada vez que abre el puño, como un sembrador riega granos.

El primer párrafo pertenece al retrato que hizo Rubén Darío de Ibsen, dentro de su serie *Los raros;* el segundo, al homenaje a Walt Whitman escrito por José Martí dentro de sus "Cartas" desde Nueva York. En ambos, si se quebrara la distribución gráfica de la prosa y se distribuyeran las oraciones en un espacio versal, ¿no podrían ser leídos perfectamente como poemas? Tal vez se dirá que la redistribución gráfica puede condicionar por igual *cualquier* texto, aun el más banal; lo cierto es que ambos párrafos —o estrofas, para seguir con la prueba— cumplen con las convenciones de significación de la poesía lírica, en una modalidad narrativa: atemporalidad, están completos en sí mismos, tienen coherencia en el nivel simbólico, expresan una actitud.[66] Es más, sus disposiciones tipográficas podrían recibir interpretaciones espaciales o temporales; se puede hacer un experimento con el segundo párrafo, por su brevedad:

> No es él, no, de los que echan a andar
> un pensamiento pordiosero,
> que va tropezando y arrastrando
> bajo la opulencia visible

---

[66] Jonathan Culler, *La poética estructuralista. El estructuralismo, la lingüística y el estudio de la literatura,* trad. C. Manzano (Barcelona: Anagrama, 1980), p. 230.

de sus vestiduras regias.
Él no infla tomeguines
para que parezcan águilas;
él riega águilas,
cada vez que abre el puño,
como un sembrador riega granos.

La categorización de las crónicas es compleja y apasionante; como lugar de encuentro del discurso periodístico y del literario contiene dos tipos de significación: centrífuga y centrípeta, o externa e interna.[67] Esto representa la aparente contradicción de que los signos lingüísticos están al servicio de la circulación del sentido del texto y, al mismo tiempo, dejan de ser transparentes, literales, instrumentales, para tener un peso específico e interdependiente.

¿Qué es lo que hace que esos textos informativos, noticiosos, sean "obras de arte"? Lo que los distingue y constituye proviene de la voluntad de escritura, del cómo se ha verbalizado su discurso, del *cómo prevalece el aire verbal en la trasmisión de un mensaje referencial*.[68]

La definición del género crónica como lugar de encuentro del discurso literario y el periodístico, es tan central como los apor-

---

[67] Sigo las propuestas de Northrop Frye, *Anatomía de la crítica* (1957), trad. E. Simons (Caracas: Monte Ávila, 1977).

[68] Si se toma el modelo de Jakobson para categorizar el lenguaje, habría que reconocer que en la crónica modernista los factores destinador, contexto, código, destinatario, mensaje, contacto, con sus respectivas funciones derivadas —emotiva, conativa, fática, metalingüística, referencial y poética—, presentan un juego de balances y coexistencias muy particular, donde no es menos importante la función poética —el arte verbal como dominante— que la referencial, por ejemplo. Sería interesante confrontar este fenómeno y el de la prosa poética en sí, con el postulado de Jakobson acerca de que "la función poética proyecta el principio de la equivalencia del eje de selección al eje de combinación" (p. 360). Véase Roman Jakobson, "Poética", en *Ensayos de lingüística general* (1974), trad. J. M. Pujol y J. Cabanes (Barcelona: Ariel, 1984), pp. 347-396.

tes a la renovación de la prosa hispanoamericana que hicieron los modernistas desde la prensa escrita. Como bien lo ha enunciado Medvedev/Bajtín: el género es la expresión total (*"the whole utterance"*) y no sólo un aspecto más, porque condiciona el acabamiento temático (relato policial, ensayo científico, sección de chismes), el cronotopo o complejo espacio-temporal, los ejes semánticos (como muerte, sexo), la orientación externa (condicionamientos de percepción y realización del género) e interna (zonas de lo real que sólo interesan al género).[69]

Que la crónica modernista era un género en sí para los lectores de su época, distinto del periodismo puro, podría fácilmente demostrarse leyendo las marcas textuales que en la teoría de la recepción Jauss ha llamado "horizonte de expectativas del lector". Basta ver ejemplos históricos como el ya citado de Bartolomé Mitre quien, en su papel de director de *La Nación*, se sintió autorizado para titular una nota política como "Narraciones fantásticas", simplemente porque su autor era un conocido escritor y la realidad descrita por él le resultaba inaceptable.

No es éste el lugar para definir las transgresiones que, desde la literatura misma, estaban cometiendo Martí y los modernistas: es el tema del próximo capítulo. Lo que interesa es sintetizar la crónica como un lugar de encuentro de dos discursos, teniendo en cuenta la más contemporánea frase de Richard Ohman: "el género no es políticamente neutral" y, por lo tanto, *la elección* de la crónica como escritura está muy lejos del torremarfilismo y de la marginación lujosa de la sociedad.[70]

En José Martí se encuentra un modo de describirse como cronista, aunque sus palabras se hayan referido a Emerson y no a sí mismo:

---

[69] P. N. Medvedev y M. M. Bajtin, "The Elements of the Artistic Construction", en *The Formal Method in Literary Scholarship. A Critical Introduction to Sociological Poetics*, trad. A. J. Wehrle (Baltimore: The Johns Hopkins University Press, 1978), pp. 120-135.

[70] Richard Ohman, "Politics and Genre in Nonfiction Prose", *New Literary History*, XI, núm. 2 (invierno de 1980), p. 243.

Toda su prosa es verso. Y su verso es prosa, son como ecos. Él veía detrás de sí al Espíritu creador que a través de él hablaba a la naturaleza. Él se veía como pupila transparente que lo veía todo, lo reflejaba todo, y sólo era pupila. Parece lo que escribe trozos de luz quebrada que daban en él... [XIII, 19].

CAPÍTULO V

LA MODERNIDAD COMO SISTEMA DE REPRESENTACIÓN

EL PRÓLOGO DE JOSÉ MARTÍ AL "POEMA DEL NIÁGARA" POR JUAN Antonio Pérez Bonalde (VII, 221-238), es un texto fundador porque la temporalidad —entendida como la conciencia del tiempo en que se vive— es su propuesta estética.[1] Escrito por Martí en 1882, apunta a definir un sistema de representación propio que exprese la modernidad del hombre americano: un sistema capaz de aprehender con autenticidad *el presente*. No se trata ya del intento de conformar un ser nacional a través de la literatura, sino de dar cuenta de la crisis y la esperanza finisecular, de redescubrir en el *lenguaje* y la *experiencia cotidiana* la nueva rela-

---

[1] Este prólogo está en *Obras completas,* VII, 221-238, y se indicará sólo la página de referencia dentro del texto; el resto de las citas seguirán señalándose por el tomo y la página. El término temporalidad está aquí empleado con relación al referente y no a los elementos internos del texto. Por temporalidad debe entenderse la relación con el tiempo como conciencia de la historia, la actualidad y el futuro, lo fugaz, lo secular; por espacialidad, lo que pertenece o se refiere a un espacio concreto determinado: una región, un país, un continente. Para la definición estructuralista véase, en cambio, Ducrot y Todorov, *Diccionario enciclopédico de las ciencias del lenguaje,* trad. E. Pezzoni (México: Siglo XXI, 1974), p. 339. Conviene aclarar también lo siguiente: la calidad de "prócer" de Martí ha sido tan central en la historia literaria como su sacralización posterior como héroe de la Independencia cubana. Sin embargo, Martí fue el fundador de una estética; ésta incluye, sin duda, cambios en el sistema de representación política del mundo —el Otro, los Estados Unidos, las multitudes—, pero este aspecto ha mantenido a la sombra la magnitud de su aporte literario. Por eso este libro deliberadamente se concentra en la construcción de su poética. De todos modos, en la comparación sincrónica con textos de otros escritores de la época —que se desarrolla en este capítulo—, se revisa la escritura como medio de construcción de una nación y algunos elementos de su sistema de representación política.

ción entre los hombres, la naturaleza y el interior de cada cual. La literatura debe ser "nuestro tiempo, enfrente de nuestra Naturaleza" (p. 233). Las convenciones del pasado son máscaras huecas y ajenas: "El siglo tiene las paredes carcomidas, como una marmita en que han hervido mucho los metales", dice en "Las grandes huelgas en Estados Unidos" (X, 411). Hay que construir al nuevo hombre, y no se puede confiar en América Latina para hacerlo ni en sus "harto confusas instituciones nacientes" (p. 229); hay que reaprender, redescubrir. La época es la del "desmembramiento de la mente humana. Otros fueron los tiempos de las vallas alzadas; éste es el tiempo de las vallas rotas" (p. 226). El asombro ante las multitudes y la transformación incesante tienen que ver con estos cambios. Así lo apunta en "Coney Island" (1881):

> lo que asombra allí es el tamaño, la cantidad, el resultado súbito de la actividad humana, esos caminos que a dos millas de distancia no son caminos, sino largas alfombras de cabezas; [...] esa movilidad, ese don de avance, ese acontecimiento, ese cambio de forma [...]; esa expansividad anonadadora e incontrastable, firme y frenética, y esa naturalidad en lo maravilloso... [IX, 125].

Para Martí se trataba de un momento de elaboración permanente. La dinámica cotidiana era tal que el hombre se acostaba con una imagen y se levantaba con otra: la vida era fecunda y fragmentaria, vertiginosa, imperfecta. Un año antes del prólogo al "Poema del Niágara", anotaba en el "Cuaderno de apuntes":

> Nacidos en una época turbulenta, arrastrados al abrir los ojos a la luz por ideas ya hechas y por corrientes ya creadas, obedeciendo a *instintos e impulsos,* más que a juicios y determinaciones, los hombres de la generación actual vivimos en un desconocimiento lastimoso y casi total del problema que nos toca resolver. [...] Establecer el problema es necesario, con sus datos, procesos y conclusiones. Así, sinceramente y tenazmente, se llega al bienestar, no de otro modo. Y se adquieren tamaños de hombres libres [XXI, 178-179].

La celeridad, la simultaneidad, la inmediatez de lo humano. Como bien lo ha dicho, el desconocimiento es lastimoso y urgen nuevas respuestas:

> Nadie tiene hoy su fe segura. [...] [en el interior de los hombres están] la Intranquilidad, la Inseguridad, la Vaga Esperanza, la Visión Secreta. [...] ¡qué susto en el pecho! ¡qué demandar lo que no viene! ¡qué no saber lo que se desea! ¡qué sentir a la par deleite y náusea en el espíritu, *náusea del día que muere, deleite del alba!* [p. 225].

Susto y deleite implican que en la percepción del mundo se trasluce la duda, la transición, el asombro. Las tradiciones institucionalizadas resultan insuficientes para comprender la vida en su multiplicidad; las ciencias no aclaran sino parcialmente la dimensión física; y la metafísica, especialmente la ontología, es la rama del saber más lesionada por la modernidad. Una de las imágenes más transparentes es la representación del individuo solitario entre las multitudes de Nueva York —epítome de la nueva realidad urbana—, espantado ante la monetarización de la vida y la pérdida del sentido de la existencia. Esa sensación, que se profundizará en la desesperación del hombre/masa del siglo XX y se expresará en la vanguardia poética, ya aparece en muchos textos de Martí. Por ejemplo, en "Amor de ciudad grande", en *Versos libres*, escribe:

> ¡Me espanta la ciudad! ¡Toda está llena
> De copas por vaciar, o huecas copas!
> ¡Tengo miedo ¡ay de mí! de que este vino
> Tósigo sea, y en mis venas luego
> Cual duende vengador de los dientes clave!
> ¡Tengo sed, —mas de un vino que en la tierra
> No se ha de beber! [...]
> ¡Tomad vosotros, catadores ruines
> De vinillos humanos, [...]
> Tomad ¡Yo soy honrado, y tengo miedo![2]

---

[2] De la edición citada de Iván Schulman, pp. 127-128.

Las formas debían acompañar los procesos de elaboración de los tiempos modernos. No había verdades como templos: había parcialidades generadores de otras, había urgencias por comprender a las que cada día se agregaba un dato diferente. Por eso concluye José Martí en el prólogo al "Poema del Niágara" que *el lugar de las Ideas era el del periodismo:* el espacio de lo no permanente, de la comunicación, del aporte del dato actualizado, de los públicos mayoritarios, de inquirir y no establecer.

El diario es el signo de los tiempos modernos: a una época de tal movilidad, le corresponde una escritura semejante. Sólo el periódico permite la invasora entrada de la vida: es justamente la vida el único asunto legítimo en la cultura finisecular. El periodismo fue una de las fuentes de aprendizaje natural para esta nueva sensibilidad que debía encontrar poesía en una cotidianidad invasora. Como dice en el prólogo a Pérez Bonalde, en una afirmación que explica tanto el sistema de representación a través del símbolo y la analogía como el trabajo del cronista con una materia diaria y vulgar: "en la fábrica universal no hay cosa pequeña que no tenga en sí todos los gérmenes de las cosas grandes" (p. 224).

Escribe Martí:

> Todo es expansión, comunicación, florescencia, contagio, esparcimiento. El periódico desflora las ideas grandiosas. Las ideas no hacen familia en la mente, como antes, ni casa, *ni larga vida*. Nacen a caballo, montadas en relámpago, con alas. No crecen en una mente sola, sino por el comercio de todas. No tardan en beneficiar, después de salida trabajosa, *a número escaso de lectores; sino que apenas nacidas, benefician*. Las estrujan, las ponen en alto, se las ciñen como corona, las clavan en picota, las erigen en ídolo, las vuelcan, las mantean [p. 227].

La crónica modernista como práctica cultural reveló un profundo corte epistemológico. No sólo la duda ocupaba el centro del pensamiento, sino que la temporalidad invadía como un marco casi palpable, perecedero, cambiante, imperfecto. Y masivo: "Asístese como a una descentralización de la inteligencia. Ha entrado a ser lo bello dominio de todos. [...] El genio va pasando de individual a colectivo" (p. 228).

Entre las exquisiteces artepuristas y prerrafaelitas, entre los perfeccionamientos parnasianos, los gemidos románticos y el avance del positivismo y el realismo naturalista, Martí propuso el escape a una interioridad aún no corrompida por la voracidad materialista ni por la reproducción de cánones artísticos prestigiosos. Quiso encarnarse en la modernidad, usar y combinar a su modo aquello que le fuera útil para que su pensamiento encontrara la forma expresiva más sincera, dar cuenta del hollín y el vértigo de las grandes ciudades. En sus textos, especialmente en las crónicas y en las poesías, se lee rechazo a las costumbres impuestas por la urbanización y la negación de que la poesía se haya derrumbado junto a las creencias. La poesía, exclama: "está en las fundiciones y en las fábricas de máquinas de vapor; está en las noches rojizas y dantescas de las modernas babilónicas fábricas: está en los talleres" (XIII, 421).

LA CONCIENCIA DE LA MODERNIDAD HACE CAER LOS SISTEMAS DE PERcepción y las formas de expresión van a ser otras. El periodismo será un medio ideal para palpar día a día el fluir de la nueva sociedad, para tratar de conocer a los hombres: el escritor interroga lo inmediato e interroga a la vez su subjetividad. El yo y la experiencia personal sustituyen de algún modo a la ciencia: sólo lo subjetivo y vivido aparece como seguro. Al fin de cuentas, escribe Martí: "¿Y por dónde hemos de empezar a estudiar, sino por nosotros mismos? Hay que meterse la mano en las entrañas, y mirar la sangre al sol: si no, no se adelanta" (XX, 372-373).

Es justamente en la *inmediatez* y en su modo peculiar de entender la subjetividad donde se abre la brecha entre la poética martiana y la poética romántica, también cimentada en el yo, los sentidos y su relación con la naturaleza. Martí era romántico por su anhelo de absolutos y su fe en el porvenir, aunque más moderado: "su pensamiento se repliega sobre lo concreto y cotidiano; su absolutismo se ensancha para acoger lo relativo, [...] y el optimismo soñador se modera de cautelas realistas". Para él era esencial, además, partir de la propia experiencia:

> Tajos son éstos de mis propias entrañas —mis guerreros—. Ninguno me ha salido recalentado, artificioso, recompuesto, de la mente, sino como lágrimas que salen de los ojos y la sangre sale a borbotones de la herida. No zurcí de éste y aquél, sino sajé en mí mismo. Van escritos, no en tinta de academia, sino en mi propia sangre.[3]

Lo ratifica en una de sus cartas a propósito de su libro *Ismaelillo*:

> No lo lea una vez, porque le parecerá extraño, sino dos, para que me lo perdone. He visto esas alas, esos chacales, esas copas varias, esos ejércitos. Mi mente ha sido escenario, y en él han sido actores todas esas visiones. Mi trabajo ha sido copiar, Jugo. No hay allí una sola línea mental. Pues ¿cómo he de ser responsable de las imágenes que vienen a mí sin que yo las solicite? Yo no he hecho más que poner en versos mis visiones. Tan vivamente me hirieron esas escenas que aun voy a todas partes rodeado de ellas, y como si tuviera delante de mí un gran espacio oscuro, en que volaran grandes aves blancas [XX, 118].

El yo que Martí anuncia como respuesta a la modernidad, a la crisis finisecular, no es confesional o personalizado: es un yo que quiere asumir en sí al universo, un yo colectivo que no expresa la individualidad sino al alma del mundo, lo cual significa, como dijo Borges, "que procurar expresarse, y querer expresar la vida entera, son una sola cosa y la misma".[4]

---

[3] De la antología elaborada por Iván Schulman, *Ismaelillo. Versos libres. Versos sencillos* (Madrid: Cátedra, 1982), p. 95.

[4] La frase es de Jorge Luis Borges en un análisis sobre la poesía de Whitman, de quien también dice haber sido el "primer Atlante que intentó realizar esa porfía y se echó el mundo a cuestas", *Inquisiciones* (Buenos Aires: Proa, 1925), p. 91. Lo interesante no es desmentir la "primogenitura" de *Hojas de hierba* —cuya versión defi-

La ruptura que supone esta concepción es central: la poética martiana, sea en verso o en periodismo, no es mimesis, catarsis o racionalización totalizadora puesto que su verdad es sólo la de la interioridad. La realidad se siente fragmentada, y fragmentada será su poética; la secularización ha derribado mitos y lo trascendente se nutre de la materia cotidiana. El yo organiza y asocia esas imágenes concretas de un modo que reflejen las leyes de la naturaleza, donde lo contradictorio y antagónico no es tal, puesto que tiene su propia armonía, elevando historias cotidianas y noticias periodísticas a una dimensión ontológica. "Se tiene el oído puesto a todo; los pensamientos, no bien germinan, ya están cargados de flores y frutos, y saltando en el papel, y entrándose, como polvillo sutil, por todas las mentes: los ferrocarriles echan abajo la selva; los diarios la selva humana" (p. 227).

Las pequeñas obras fúlgidas

SU PROPUESTA ACERCA DE LA CRÓNICA ES REVOLUCIONARIA PARA LA HIStoria literaria: en tiempos pasados —razonaba— se producían "grandes obras culminantes, sostenidas, majestuosas, concentradas" (p. 227), mientras que de la mutabilidad del presente la resultante no puede ser otra que las "pequeñas obras fúlgidas". Estas "pequeñas obras fúlgidas" eran sus poemas. Y también las crónicas: ambas corresponden a la sincera búsqueda colectiva, al *divine average* whitmaniano y no —como antes— al aislado trabajo de los privilegiados por la Iglesia, el Estado o el dinero. En el prólogo al "Poema del Niágara" acusa a los autores precedentes de escribir "aquellas luengas y pacientes obras [...] año sobre año, en el reposo de la *celda*, en los ocios amenos del pretendiente en *corte*, o en el ancho sillón de cordobán de labor rica y tachuelas de fino

---

nitiva fue de 1885—, sino notar cómo cada elemento con que Martí construye sus crónicas rompe la concepción de la escritura tradicional y, por ende, el modo de percibir la realidad.

oro" (p. 226). En verdad alude a los mecenazgos y también a una época de certezas. La frase termina así: "en la beatífica calma que ponía en el espíritu la certidumbre de que el buen indio amasaba el pan, y el buen rey daba la ley, y la madre Iglesia abrigo y sepultura". Es decir: había fe en las instituciones y la bondad del indio radicaba en su capacidad de ser su servidor.[5]

En la modernidad, de acuerdo con Martí, los escritores no trabajan ya para la corte y por eso son mirados con temor: "los bardos modernos, [...] aunque a veces arriendan la lira, no la alquilan ya por siempre, y aun suelen no alquilarla" (p. 228). De modo que el trabajo asalariado del cronista, pese a las quejas de los modernistas, proporcionaba una libertad que se desconocía en la pasada época de los mecenazgos. Distinto es para un artista producir de por vida bajo el amparo de un protector al que debía complacer, que ser un empleado con deberes delimitados dentro de horarios fijos. Si tales deberes eran más o menos flexibles es materia opinable, pero Martí afirma de modo implícito la autonomía de la escritura, puesto que aun aquellos que debían "alquilar su lira" tenían el privilegio de ser dueños por completo de sí y de su obra al salir de las oficinas.

"Las pequeñas obras fúlgidas" fueron poemas y fueron crónicas: fueron, en la práctica, el nuevo modo de escribir en prosa en Hispanoamérica, un modo por fin independiente —en asunto y forma— de los moldes heredados de España y Europa en general. En los textos periodísticos modernistas se encuentran caracterís-

---

[5] En estas líneas que aluden a la tradición anterior se lee la disociación del discurso del poder que imperaba en la literatura hispanoamericana. Este discurso marcaba la diferencia entre las instituciones y el "otro" marginal, domesticado en el discurso oficial. El "otro" marginal —aquel que debía ser civilizado por la cultura occidental— podrá reencontrarse en las ideas martianas con su ser natural y no definirse como hombre de acuerdo con su trabajo y asimilación a un sistema social. Sobre la tendencia durante el siglo XIX, véase Lionel Gossman, *History as Decipherment: Romantic Historiography and the Discovery of the Other,* University of Princeton (inédito, s. f.).

ticas de otras literaturas, por cierto, en un sincretismo tan peculiar que revela un lenguaje y una sensibilidad distintos. Hay en el estilo de Martí huellas de la poesía francesa e inglesa, de la filosofía alemana y norteamericana, del conceptismo renacentista, de la pintura y la escultura del Occidente finisecular, de los diarios de Nueva York y de la retórica clásica; hay de Whitman, de Gracián o de Emerson y no es, en verdad, más que él mismo.[6]

"Las pequeñas obras fúlgidas" no sólo revelaron un sincretismo y originalidad particulares, sino lo fragmentario como cosmovisión. En su artículo "La dialéctica de la modernidad en José Martí" (p. 177), Rama observó que la modernidad destruye el discurso externo y sistemático, porque rechaza toda demostración totalizadora que pretenda encontrar una unidad e introducir una armonía entre las partes de la realidad. El nacimiento del poema breve se complementa con la transformación del libro en mera recopilación de piezas sueltas correspondientes a un determinado lapso creador.

Esto incidiría en toda la escritura. Se hizo imposible la producción de "esas macizas y corpulentas obras de ingenio" (p. 226), a las que se refería Martí con sarcasmo, aludiendo a una época pasada y estable. Pequeñez, fragmentación, inestabilidad: los libros de poemas comienzan a ser suma de retazos o partes autónomas o fragmentos —el *Ismaelillo* fue el último intento de Martí por conferir unidad a un libro de poemas—; la prosa misma es breve, de tan corta vida y tan relampagueante como las ideas. La desacralización actúa en todas direcciones y el periodismo deja de ser el espacio previo de la literatura, aquel espacio de la novela por entregas o de series que luego se reunían en un libro, como el caso del *Facundo* de Sarmiento, por ejemplo.

A fin de siglo las crónicas periodísticas merecerán su lugar en cuanto tales dentro de los libros. Martí mismo dejó indicaciones muy claras a Gonzalo Quesada de cómo quería que se recopilasen

---

[6] Cfr. José Antonio Portuondo, "José Martí, crítico literario" en *Martí, el escritor revolucionario*, y García Marruz en *Temas martianos*.

sus artículos de prensa. De la frecuencia de esa práctica son ejemplo las notas de viajes o las crónicas de Lucio V. Mansilla, recopiladas bajo el título de *Entre nos*, y *Los raros* de Rubén Darío, texto que por cierto suele ser estudiado como la nueva prosa poética creada por el nicaragüense y no como curiosidad periodística. Entonces, el movimiento no era sólo desde los libros hacia los diarios —que reproducían o traducían fragmentos—, sino que también el periodismo empezó a ser una forma de construir la propia obra literaria.

Aun así José Martí solía plegarse a la idea en boga acerca de la poesía como "alta literatura", quejándose de que el escritor de diarios apenas podía acceder a lo sublime. A la vez exclamaba: "Oh, ¡el periódico! —lente inmensa que este siglo levanta y refleja con certidumbre beneficiosa e implacable las sinuosidades lóbregas, las miserias desnudas, las grandezas humildes y las cumbres resplandecientes de la vida".[7]

En verdad Martí tenía conciencia de la desaparición del público lector. Sabía que sus libros poéticos "se convertirían en comunicaciones privadas con algunos seres admirados, casi como cartas íntimas"[8] y que el artículo de prensa debía asumir la función pública de lo literario. Sus crónicas no fueron mero ejercicio estético o vehículo informativo; fueron, definitivamente, y sin por ello excluir a sus poemas o ensayos, su obra literaria.

La crónica, por sus características, era exactamente la forma que requería la época. En ella se producía la escritura de la modernidad, según los parámetros martianos: tenían inmediatez, expansión, velocidad, comunicación, multitud, posibilidad de experimentar con el lenguaje que diera cuenta de las nuevas realidades y del hombre frente a ellas, eran parte del fenómeno del "genio [que] va pasando de lo individual a lo colectivo" (p. 228).

---

[7] Citado por García Marruz, *Temas martianos, op. cit.*, p. 193.
[8] Á. Rama, "La dialéctica de la modernidad", p. 173.

La obsesión por la modernidad emparentó a los poetas de Europa y América que, en un movimiento similar ante el derrumbe y la génesis que sentían a su alrededor, votaron por el universalismo y la consecuente ruptura con los parámetros meramente regionalistas.[9] Los préstamos, concomitancias y transformismos que cimentaron la nueva poética, se vuelven difíciles de rastrear, porque recontextualizar y mezclar técnicas deriva en una poética con leyes internas autónomas como conjunto, y diferentes. Martí aprendió verazmente cuanto pudo, se mantuvo atento a toda innovación y aporte de la cultura, pero lo predicó siempre: la América Latina debe erguirse "en torno al tronco negro de los *pinos caídos*, [como] los racimos gozosos de los pinos nuevos: *¡Eso somos nosotros: pinos nuevos!*"[10]

Encontrar una forma propia, definir un estilo que no sea imitación. La obsesión modernista es vislumbrar "apenas los altares nuevos, grandes y abiertos como bosques" (p. 225). Entonces, tan importante como la delimitación del discurso literario frente al estatal o el periodístico, es la conciencia de la temporalidad: la estilización consciente expresa el hervor de la sangre nueva. "Los que se limitan a copiar el espíritu de los poetas de allende, ¿no ven que con eso reconocen que no tienen patria, ni espíritu propio, ni son más que sombras de sí mismos, que de limosna andan vivos por la tierra?" (VII, 408). Hay que tener espíritu propio:

> El estilo, más que la forma, está en las condiciones personales que han de expresarse por ellas [...] El que *ajuste su pensamiento a su forma*, como una hoja de espada a la vaina, ése tiene su estilo. El que

---

[9] Véase Hans Magnus Enzensberger, *Detalles* (Barcelona: Anagrama, 1969). Por su parte, Rama afirmó que Martí "comprendió claramente que toda la humanidad había sido metida en la misma barca, por primera vez en la historia del planeta, y que las características expansivas de la civilización científica y tecnológica del XIX imposibilitaban todo intento de resguardo o segregación" (en *La dialéctica de la modernidad*, p. 162).

[10] Citado por Vitier, "Los discursos de Martí", en *Temas martianos*, p. 88.

cubra la vaina de papel o de cordones de oro, no hará por eso mejor temple la hoja [V, 128].

La escritura ha de ser como la época: aunque aparezca como contradictorio lo que es lógico, en el texto las ideas deben encajar con las consonantes, el movimiento, el sonido, las sensaciones táctiles, auditivas, visuales. Para que se produzca tal encaje, hay que tener conciencia del origen y del significado de cada palabra, sin pretender con ello una perfección formal que sacrifique la fuerza de las ideas: la naturaleza es irregular, la fuerza está en la irregularidad. Al terminar se debe sentir orgullo de escultor y de pintor, orgullo de guerrero: "Las estrofas son cuadros: ora ráfagas de ventisquero, ora columnas de fuego, ora relámpagos. Ya Luzbel, ya Prometeo, ya Ícaro. *Es nuestro tiempo, enfrente de nuestra naturaleza*" (p. 233). Y también:

> Poetas, músicos y pintores, son esencia igual en formas distintas: es su tarea traer a la tierra las armonías que vagan en el espacio de los cielos, y las concepciones impalpables que se agitan en espacios del espíritu. Formalizan lo vago: hacen terreno lo divino. Es mejor el que más cantidad de cielo alcanza.[11]

La temporalidad en la poética martiana le brinda esa condensación entre democracia y épica, entre naturaleza y realidad social e íntima, entre el dolor decadente de parnasianos y simbolistas, entre la vida múltiple que marcha hacia el futuro cantada por Whitman, entre el descubrimiento de la armonía cósmica y el liberalismo económico, entre el ansia de lo magno y la crítica de la injusticia. Escribe sobre Whitman:

> Él no esfuerza la comparación, y en verdad no compara, sino que dice lo que ve o recuerda con un complemento gráfico e incisivo y dueño seguro de la impresión de conjunto que se dispone crear,

---

[11] *Obras completas* (La Habana: Trópico, 1935-1953), L, pp. 122-123.

emplea su arte, que oculta por entero, en reproducir los elementos de su cuadro con el mismo desorden con que los observó en la Naturaleza [...], Esboza; pero dijérase que con fuego. En cinco líneas agrupa, como un haz de huesos recién roídos, todos los horrores de la guerra. Un adverbio le basta para dilatar o recoger la frase, y un adjetivo para sublimarla. Su método ha de ser grande, puesto que su efecto lo es: pero pudiera creerse que procede sin método alguno... [XIII, 142].

Las contradicciones encuentran una fórmula de síntesis dialéctica, ya que no solución, en los textos construidos sobre esa misma comprensión temporal: pinceladas impresionistas, conciencia filológica del lenguaje, ritmo vital, visión multitudinaria, nostalgia de la hazaña y deseo del futuro, el símbolo como insinuación. Las imágenes que puedan parecer arbitrarias se revelan como parte de un conjunto estructurado al final de la lectura; este método de escritura es explicado por Martí también en su crónica sobre Emerson. Allí dice:

A veces, parece que salta de una cosa a otra, y no se halla a primera vista la relación entre dos ideas inmediatas. Y es que para él es paso natural lo que para otros es salto. Va de cumbre en cumbre, como gigante, y no por las veredas y caminillos por donde andan, cargados de alforjas, los peatones comunes, que como miran desde abajo, ven pequeño al gigante alto. [...] Sus pensamientos parecen aislados, y es que ve mucho de una vez, y quiere de una vez decirlo todo, y lo dice como lo ve [...] Y deja a los demás que desenvuelvan; él no puede perder tiempo; él anuncia [XIII, 22].

Su aproximación a Whitman es reveladora acerca de su propia poética:

mezcla [las palabras] con nunca visto atrevimiento, poniendo las augustas y casi divinas al lado de las que pasan por menos apropiadas y decentes. Ciertos cuadros no los pinta con epítetos, que en él son siempre vivaces y profundos, sino por sonidos [...] Su cesura, inesperada y cabalgante, cambia sin cesar [...] Acumular le parece el mejor modo de describir, y su raciocinio no toma jamás las formas pedestres del argumento ni las altisonantes de la oratoria, sino el misterio de la insinuación, el fervor de la certidumbre y el giro ígneo de la profecía. A cada paso se hallan en su libro estas palabras nuestras: *viva, camarada, libertad, americanos* [XIII, 141-142].[12]

Ahora bien, si a esas últimas "palabras nuestras" se les agregan águila, azul o monte, por ejemplo, ¿no se podrá acaso aplicar esta descripción a las crónicas norteamericanas de Martí? Este fluir indistinto de la creación entre un género y otro, ¿no es también la poética de sus versos? Martí no es un hijo literario de Whitman, más bien la lectura de *Hojas de hierba* le sirve al cubano para ratificar y perfeccionar su propia estética.[13] El texto sobre Whitman es de 1892 —ya en la última época de Martí como corresponsal— y allí condensa la analogía, la libertad de escritura en el ritmo, el léxico y la sintaxis; el cromatismo, la sinestesia, la musicalidad, la multiplicidad, el símbolo.

Realizado así, el periodismo no era un *clisé* adormecedor, como aducía Manuel González Prada.[14]

---

[12] Cursivas en el original.

[13] En verdad, ambos son herederos del trascendentalismo emersoniano. Pero hay un hecho claro que diferencia a Whitman de los trascendentalistas, incluido Martí: Whitman logró resolver en su escritura la dicotomía entre lo material y lo ideal; en sus poemas cuerpo y alma son un solo deseo. Martí como autor, en cambio, con su dosis de romanticismo y catolicismo, no llega a resolverlo; tanto es así que en "Whitman" dedica pocas líneas para referirse al erotismo de *Hojas de hierba,* y su división es notoria en toda su obra cuando se refiere a la mujer, enfrentada a los estereotipos de madre o amante. Por ejemplo, escribe en "Hierro", *Versos libres:* "Muero de soledad, de amor me muero! / No de vulgar amor; estos amores / Envenenan y ofuscan: no es hermosa / La fruta en la mujer, sino la estrella". Sobre Walt Whitman véase F. O. Matthiessen, *American Renaissance. Art and Expression in the Age of Emerson and Whitman* (Nueva York: Oxford University Press, 1946).

[14] En "Nuestro periodismo", ed. cit., p. 113.

Se haya logrado o no en su totalidad la ambición martiana, lo cierto es que la conciencia de lo temporal produjo en sus textos otro cisma. Su confianza en el futuro le desordenó el orden de los acontecimientos, tan amparados en series causales por el darwinismo, el spencerismo y hasta el krausismo con sus "armonizaciones críticas".[15] Su escritura trastorna el orden cronológico de los hechos o las ideas, o los acontecimientos están expuestos al revés: aparece el efecto antes que la causa. Como Claude Bochet-Huré observó:

Y cuando no son ya objetos o hechos, sino ideas las que se exponen al revés, la conclusión surge primero, y no se sabe sino después lo que la ha motivado... Era natural que esta tendencia a invertir la expresión lógica de los pasos mentales se reflejase también en el orden de los términos en el interior mismo de la frase. Así, ¡cuántas frases que comienzan por complementos de toda suerte, y terminan por el verbo y el sujeto, que la pluma de Martí retiene largamente, a veces hasta las últimas palabras!... Se ve que el pensamiento y la pluma de Martí se apoderan en primer lugar de lo que él juzga esencial: en los hechos, el resultado; en las ideas, la conclusión.[16]

La escritura como artificio

La visión de mundo se ha secularizado en Occidente, las multitudes son experiencia cotidiana, la religión nueva se encuentra en cada ser humano "vocero de lo desconocido [...], copia más o menos acabada del mundo en que vive" (p. 220). La naturaleza es la "maga que hace entender lo que no dice" (p. 231); y, como a "todos besó la misma maga" (p. 225), con ella los poetas de la ciudad arman imágenes simbólicas que sugieren el sentido oculto

---

[15] La expresión es de Vitier, *Temas martianos*, p. 132.

[16] "Les dernières notes de voyage de José Martí. Quelques remarques sur leur style", *Les langues néolatines*, núm. 161 (1962).

tras el desequilibrio de la sociedad y la armonía universal. Para los nuevos poetas, dice José Martí en su comentario sobre el estilo de Pérez Bonalde, la naturaleza no es más aquel paisaje romántico que reflejaba los estados emocionales como "confidencias de sobremesa" (p. 235); hay poetas personales e íntimos que sólo vierten en ella sus gemidos, mientras que los sanos y vigorosos podrán encontrar en la naturaleza la nueva filosofía. Ésta, anuncia, "no es más que el secreto de la relación de las varias formas de existencia" (p. 232). El poeta ha de develarla.

El texto entra en tensión problematizadora con su época. Los sistemas de representación tradicionales no sirven a este modelo perceptivo. La imagen mimética ha perdido sentido, no hay certezas en la veracidad de una apariencia; hay que establecer otro sistema de representación donde pueda intuirse el secreto, la relación entre las varias formas de existencia. La imagen, entonces, no puede pretender más que su condición de recurso, de construcción, de interpretación: es un artificio que relaciona órdenes más universales con lo cotidiano, es un símbolo ambivalente y misterioso.

Una concepción se ha roto: ahora el arte no imita más la vida; la recrea, en un orden propio, ambiguo y no menos auténtico. La naturaleza no es en las crónicas ni poemas de Martí proyección paisajística del yo atribulado de un protagonista —tormentas como fondo de una crisis pasional, por ejemplo— ni parte de los determinismos geográficos que condicionarían al ser humano desde su nacimiento; en cambio, Ralph Waldo Emerson fue representado en el texto como águila y pino joven, con frente como ladera de montaña, a la vez pura pupila y voz hecha de nube luminosa (XIII, 18-19).

El orden, las leyes, las instituciones, se han desdibujado; el hombre ocupa el lugar del Creador, si es hombre plenamente y cumple con su primer deber: crear. Como dice Martí en su homenaje a Emerson: "Se sintió hombre, y Dios, por serlo" (XIII, 20). Crear significa una ruptura permanente, un tumulto y un dolor: este sistema de representación —el de la analogía— no se impone.

Es apenas una manifestación del anhelo por tratar de reunirlo que aparece disgregado, por reconstruir algún tipo de equilibrio a través de imágenes: no será el único, como se verá. El símbolo invoca en cada objeto un sentido oculto.[17] Y en una época donde todo parece contradictorio, el símbolo es un recurso que no resuelve lo antagónico, pero conforma un espacio de condensación o síntesis para la conciencia.

Martí no utiliza para este procedimiento de la percepción y de la escritura el término "artificio". La técnica simbólica presupone, aunque parezca una paradoja, una construcción de la mente humana, o un elemento de la naturaleza que adquiere esa cualidad bajo una mirada que la señale. Este artificio sería más verdadero que la mimesis.

Martí había adoptado postulados liberales, en especial cuando se trataba de combatir el proteccionismo comercial (IX, 375-380, 381-386). Eso es muy distinto de adherir a "la timorata doctrina positivista, que en el sano deseo de alejar a los hombres de construcciones mentales ociosas, está haciendo el daño de detener a la humanidad en medio de su camino [...]. El viaje humano consiste en llegar al país que llevamos descrito en nuestro interior, y que una voz constante nos promete" (XV, 403).

No era el único en atacar una filosofía que recomendaba conocer sólo aquello que se ve o, en el caso del arte, representar los objetos tal como son. Gutiérrez Nájera decía: "Si el principio del arte fuera la imitación, un término supremo consistiría en la completa ilusión de los sentidos, y si tal fuese necesaria, el artista más sublime sería el espejo que con más fidelidad retratase los objetos. ¡Error monstruoso!"[18]

El colombiano Baldomero Sanín Cano, uno de los más informados y comprometidos críticos en la literatura hispanoamericana del fin de siglo, convencido de la necesidad de liberar al len-

---

[17] Sobre los símbolos, véase Schulman, *Símbolo y color en la obra de José Martí*, ed. cit.
[18] Citado por Schulman, *Génesis del modernismo*, p. 35.

guaje de antigüedades y defensor de los hallazgos del simbolismo y el impresionismo, arremetía en sus artículos contra lo que él llamaba la incultura e incapacidad metafísica de Zola:

> Cualquier estudiante de filosofía habría podido advertir, en tiempos menos flagelados por la ciencia experimental de Claudio Bernard y por la filosofía positivista de Augusto Comte, que la estética basada en la reproducción exacta de lo real terminaría por atollarse en las interioridades del detalle innecesario y repugnante. ¿Sabemos nosotros cómo *es* el mundo real? [...] Nosotros, en el caso de juzgarnos a nosotros mismos, no damos sino una imagen deformada de nuestro ser; y, para representar los objetos, sólo podemos ofrecer imágenes aproximativas desde luego, y forzosamente selladas con todas las señas de nuestro temperamento personal [...][19]

Para Sanín Cano la ruptura era clara: lo que importaba para el arte era hacer hermoso —así decía— y no hacer semejante. Unir los distintos planos, lo alto y lo bajo, lo cósmico y lo banal, la muerte y la vida, lo que parece contradictorio o dual, lo externo y lo interno, como lo entendía José Martí:

> Hay dos clases de seres. Los que se tocan y los que no se pueden tocar. Yo puedo separar las capas que han entrado a formar una montaña, y exhibirlas en un museo; yo no puedo separar los elementos que han entrado a formar y seguirán eternamente formando mi pensamiento y sentimiento. Lo que puedo tocar se llama tangible. Al estudio del mundo tangible se llama física. Al estudio del mundo intangible se llama metafísica. La exageración de aquella escuela se llama materialismo, y corre con el nombre de espiritualismo, aunque no debe llamarse así, la exageración de la segunda... Las dos unidas son la verdad.[20]

---

[19] Baldomero Sanín Cano, "El impresionismo en Bogotá", en *El oficio de lector* (Caracas: Biblioteca Ayacucho, 48, s. f.), p. 152.
[20] Citado por Vitier, *Temas martianos, op. cit.*, p. 126.

El asunto era relacionar los conceptos e imágenes para significar: entonces, una descripción o enunciación tan simple o concreta como "hombre sincero" y "palma" se encadenan de tal modo en el tejido textual, que remiten —pasando por un yo ordenador— a una dimensión suprarreal. Es el caso de los famosos versos martianos "Yo soy un hombre sincero / de donde crece la palma / Yo vengo de todas partes / Y hacia todas partes voy. / Arte soy entre las artes, / En los montes, monte soy" (*Versos sencillos*): la imagen puede ser imposible dentro del orden referencial, mas en el texto sintetiza, describe o comparte un sentimiento sin necesidad de argumentos o razones, y condensa un sentido con una fuerza inexplicable.

Los ejemplos aparecen por doquier en las crónicas norteamericanas, donde la *imitatio* clásica del arte ha sido reemplazada por la autonomía de la expresión: las ciudades son hornos, las islas cestos y los vapores hormigas blancas que se hablan cruzándose las antenas ("El puente de Brooklyn", IX, 431), el río Ohio es una manada de potros que "velocean" con cascos alados y la tierra entera rueda con el dado sobre las mesas de juego en Nueva York ("Las inundaciones de Ohio", IX, 353), un discurso se convierte en imágenes vengadoras que se salen de los retratos en las paredes y en lluvia de piedras encendidas ("Wendell Phillips", XIII, 64), un incendio es águilas rojas que van prendidas de la cresta y los jirones de las nubes rampando la tierra, mientras que hay ojos que se transforman en nidos vacíos ("Garfield", XIII, 220, 208) y multitudes urbanas en ejército bárbaro, en guerreros de piedra con coraza y casco de oro y lanzas rojas ("Emerson", XIII, 17). Las imágenes de distinto orden aparecen en una sucesión imposible fuera del discurso escrito, como en esta descripción de un orador:

> *Maceradas* se hubieran visto aquella noche las *espadas* de los *esclavistas,* si las hubiesen desnudado de sus *ropas.* Era una *ola encendida* que les *comía los pies,* y les llegaba *a la rodilla,* y les saltaba *al rostro;* era una *grieta* enorme, de *dentadas mandíbulas,* que se abría bajo sus *plantas;* como *elegante fusta de luz* era, que remataba en *alas;* era co-

mo si un *gigante celestial desgajase* y echase a rodar sobre la gente vil *tajos de monte* [XIII, 58].

Algunas de las imágenes citadas no encajan con exactitud en el simbolismo ni en el pulso subjetivo del impresionismo o la plasticidad parnasiana: más bien son expresionistas, aunque el movimiento europeo que llevó ese nombre estaba aún en estado embrionario a la muerte de Martí.[21] A veces la emoción, la fantasía o la sinestesia son las fuentes que impulsan el salto a la imagen expresionista: la que representa un objeto no por alguna de sus cualidades reales, sino por la impresión que produce. Hay ejemplos en muchas de las "Escenas norteamericanas": "Aves de espanto, ignoradas por los demás hombres parecen haberse prendido de sus cráneos y picotear en ellos, y flagelarles las espaldas con sus alas en furia loca", escribe en "El terremoto de Charleston" (XI, 68). O cuando ataca la violencia como recurso de los anarquistas de Chicago:

> Se ven círculos de color de hueso —cuando se leen estas enseñanzas— en un mar de humareda: por la habitación, llena de sombra, se entra un duende, roe una costilla humana, y se afila las uñas: para medir todo lo profundo de la desesperación del hombre, es necesario ver si el espanto que suele en calma preparar supera a aquel contra el que, con furor de siglos, se levanta indignado —es necesario vivir desterrado de la patria o de la humanidad [XI, 339-340].

Esta exaltada y adolorida imaginación también sabe someterse a una arquitectura rigurosa, donde la matemática del lenguaje torna necesario cada vocablo:

> Plegaria es el rostro de Spies; el de Fischer, firmeza, el de Parsons, orgullo radioso; a Engel que hace reír con un chiste a su corchete, se

---

[21] Véase Graciela García-Marruz, "El expresionismo en la prosa de José Martí", en *Estudios críticos sobre la prosa modernista hispanoamericana*, ed. J. O. Jiménez (Nueva York: Eliseo Torres & Sons, 1975), pp. 35-55.

le ha hundido la cabeza en la espalda. Les atan las piernas, al uno tras el otro, con una correa. A Spies el primero, a Fischer, a Engel, a Parsons, les echan sobre la cabeza, como el apagavelas sobre las bujías, las cuatro caperuzas. Y resuena la voz de Spies, mientras están cubriendo las cabezas de sus compañeros, con un acento que a los que lo oyen les entra en las carnes: "La voz que vais a sofocar será más poderosa en lo futuro, que cuantas palabras pudiera yo decir ahora". Fischer dice, mientras atiende el corchete a Engel: "¡Éste es el momento más feliz de mi vida!" "¡Hurra por la anarquía!", dice Engel, que había estado moviendo bajo el sudario hacia el alcaide las manos amarradas [XI, 354].

Martí está haciendo una puesta en escena de la ejecución de los anarquistas de Chicago. Continúa:

"Hombres y mujeres de mi querida América..." empieza a decir Parsons. Una seña, un ruido, la trampa cede, los cuatro cuerpos caen a la vez en el aire, dando vueltas y chocando. Parsons ha muerto al caer, gira de prisa y cesa: Fischer se balancea, retiembla, quiere zafar del nudo el cuello entero, estira y encoge las piernas, muere: Engel se mece en su sayón flotante, le sube y baja el pecho como la marejada, y se ahoga: Spies, en danza espantable, cuelga girando como un saco de muecas, se encorva, se alza de lado, se da en la frente con las rodillas, sube una pierna, extiende las dos, sacude los brazos, tamborinea: y al fin expira, rota la nuca hacia adelante, saludando con la cabeza a los espectadores [XI, 355].

Del lenguaje empleado por Walt Whitman dice que parece "el frente colgado de reses de una carnicería; otras veces parece un canto de patriarcas sentados en coro, con la suave tristeza del mundo a la que el humo se pierde en las nubes; suena otras veces como un beso brusco, como un forzamiento, como el chasquido del cuero reseco que revienta al sol..." (XIII, 141). Y hasta en el mismo prólogo al "Poema del Niágara" de Pérez Bonalde, al hablar de la inseguridad que hierve en la sangre nueva, introduce esta descripción insólita sin continuidad narrativa: "Un inmenso hombre pálido, de rostro enjuto, ojos llorosos y boca seca, vestido de negro, anda con pasos graves, sin reposar ni dormir, por toda la tierra —y se ha sentado en todos los hogares, y ha puesto su mano trémula en todas las cabeceras—" (p. 225).

El arte no imita la vida, el arte construye otra realidad:

> *El arte no es más que la naturaleza creada por el hombre.* De esta intermezcla no se sale jamás. La naturaleza se postra ante el hombre y le da sus diferencias, para que perfeccione su juicio; sus maravillas, para que avive su voluntad a imitarlas; sus exigencias, para que eduque su espíritu en el trabajo, en las contrariedades, y en la virtud que las vence. *La naturaleza da al hombre sus objetos, que se reflejan en su mente, la cual gobierna sobre su habla,* en la que cada objeto va a transformarse en un sonido [XIII, 25].[22]

Se puede aducir, por ejemplo, que el símbolo como sistema de representación ya había sido descubierto por los europeos. La conciencia de la modernidad fue una sensibilidad común en más de un hemisferio y no parecen fortuitos los numerosos puntos de coincidencia con los simbolistas en general, así como con las teorías de otro apasionado de la modernidad: Arthur Rimbaud. También él reemplazó el subjetivismo romántico por uno "objetivo", recurriendo al conocimiento de su ser como modo de entender lo universal; también él derivó del sufrimiento "la eclosión radiante de sus visiones".[23] Los simbolistas franceses habían recurrido a una estrategia similar: las imágenes ya no representaban para ellos una idea específica; se trataba de *traducir* el pensamiento en imágenes que agruparan objetos y acciones heterogéneas que debían referirse unas a otras para insinuar una explicación de lo desconocido por lo conocido o sugerir un estado de ánimo. Los simbo-

---

[22] Cfr. las ideas de Fouillé y Guyau en este capítulo.
[23] Ángel Rama, "La dialéctica de la modernidad", p. 196.

listas, además, subordinaron las estructuras gramaticales y lógicas del lenguaje a las formas metafóricas. Martí, como ellos, no pretendió haber inventado el símbolo: como ellos fue intuitivo y visionario, representador, menos místico y más tradicional: la polaridad expresada en su lenguaje simbólico —que a menudo llega a reconciliarse— es herencia antitética del romanticismo y el positivismo del siglo XIX.[24]

EL FENÓMENO DE LA MODERNIDAD A FIN DE SIGLO PRODUJO OTRAS CONCOMITANCIAS. No es fácil delimitar si fueron efecto del mayor acceso a la información sobre lo que ocurría en otros países o si fueron consecuencia de la misma modernidad, sin que hiciera falta abrevar en otras fuentes para llegar a conclusiones similares. Tampoco importa aquí qué país o autor enunció tal elemento primero, o si Martí descubrió la prosa geométrica de los parnasianos a través de Emerson, o si llegó por su cuenta a conclusiones parecidas en su afán por encontrar el término preciso para cada emoción. A los 22 años Martí comenzaba sus anotaciones sobre las posibilidades de enriquecer la expresión a partir de los efectos sonoros y el arte musical, incorporando sus ecos graves y lánguidos que se pierden en el espacio, y el ritmo tenaz que tan cerca podría estar de la poesía, donde "es más bello lo que de ella se aspira que lo que ella es en sí".[25]

Era 1875 y ya decía:

> Hay una lengua espléndida, que vibra en las cuerdas de la melodía y se habla con los movimientos del corazón: es como una promesa de ventura, como una vislumbre de certeza, como prenda de claridad y plenitud. El color tiene límites: la palabra, labios: la miseria, cielo. Lo verdadero es lo que no termina: y la música está perpetuamente palpitando en el espacio [XIII, 129].

---

[24] Cfr. Iván Schulman, en *Símbolo y color en la obra de José Martí*, pp. 83-85.
[25] Trópico, L, 23-24.

Esto demuestra su temprano entusiasmo por las técnicas de la composición literaria para expresar lo elusivo: lo intuitivo desplaza el concepto en palabra o frase para dar lugar a la connotación (el carácter fónico).

Los llamados románticos hispanoamericanos, como Esteban Echeverría, encontraban que la poesía estaba en la idea; Domingo F. Sarmiento, tan preocupado también por la forma, coincidía con ese concepto: "El escritor americano debe sacrificar al autor en beneficio del adelanto de su país, el amor propio en las aras del patriotismo..."[26] Martí atacó a parnasianos y artepuristas por su amor a la belleza vacua y —como los modernistas— afirmó que la poesía no está sólo en la idea, que la musicalidad, la emoción o una visión también podían desencadenar comprensiones más allá del conocimiento concreto.[27]

Comparando fechas se puede llegar a la conclusión de que Martí se habría adelantado a Paul Verlaine en la formulación de la teoría de la musicalidad: en 1875 Verlaine ya había publicado poemas donde experimentaba con este recurso, pero no llegó a sistematizarlo como "Art poétique" sino en 1884, en el libro *Jadis et Naguère*.[28] No obstante —como lo observa Ned Davidson— de la metafísica de Swedenborg acerca de las "correspondencias" entre la armonía cósmica y el alma humana, ya se derivaba la posible incorporación de la musicalidad a la escritura; de allí que tanto los simbolistas tempranos como los impresionistas trataran de imitar un movimiento emocional que caracterizaría el sentido de la existencia, del mismo modo que lo hicieron los músicos del siglo XIX.

---

[26] D. F. Sarmiento, "La crítica teatral", en *Obras completas* (Buenos Aires: Luz del día, 1948), I, 151.

[27] Luis Monguió, *Estudios sobre literatura hispanoamericana y española* (México: Studium, 1958), pp. 20-21.

[28] Debo el dato a M. P. González, "Conciencia y voluntad de estilo en Martí (1875-1880)", en *Martí, Darío y el modernismo*, pp. 119-123.

La intención era aprender de las técnicas de la composición musical los recursos ligados a la melodía —entendida como sucesión de picos, timbres, pausas y ritmos—, para lograr mayor sutileza y precisión al expresar realidades elusivas del psiquismo. Acota Davidson:

> This intentional vagueness sought by many writers of the late nineteenth century —considered to be then indispensable to poetry— was not designed to confound or mislead the reader but was, in fact, an attempt to free poetry from the limitations of logical or conceptual expression, an attempt to make expressable the ineffable, through analogy and symbol. This was accomplished by the subordination of the denotative element of language and by the exploitation of its connotative power.[29]

Los modernistas iniciaron estos experimentos en América Latina. El esfuerzo de reproducir efectos musicales a través de estructuras fónicas era más bien metafórico: no se puede traspasar el sonido al espacio físico. Más allá de la metáfora, el esfuerzo connotativo parece funcionar. Walter Ong observa:

> All verbalisation, including all literature, is radically a cry, a sound emitted from the interior of a person, a modification of one's exhalation of breath which retains the intimate connection with life which we find in breath itself, and which registers in the etymology of the word "spirit" that is, breath [...]. The cry which strikes our ear, even the animal cry, is consequently a sign of an interior condition, indeed of that special interior focus or pitch of being which we call life, an invasion of all the atmosphere which surrounds a being by that being's interior state, and in the case of man, it is an invasion by his own interior self-consciousness.[30]

---

[29] Ned Davidson, *Sound Patterns in a Poem of José Martí* (Salt Lake City: Damuir Press, 1975), p. 34.
[30] Walter Ong, "A Dialectic of Aural and Objective Correlatives", en J. L. Calderwood y H. E. Toliver, *Perspectives on Poetry* (Nueva York: Oxford, 1968), p. 121.

Dicho sea de paso, este grito de la vida o esta reproducción del aliento convertido en escritura consciente produce efectos notables en el lector. Como en "El terremoto de Charleston": allí el ritmo del aliento y la reiteración de sonidos ayuda a la representación sinestésica de la catástrofe y del canto de los negros.

No importa tanto, entonces, si hubo adelantos o contagios literarios. Incluso quizá sea mejor hablar de afinidades que de influencias. Como lo escribió Harold Bloom: "El corazón de cada joven es un cementerio en el que están insertos los nombres de miles de artistas muertos, pero cuyos verdaderos habitantes son unos cuantos fantasmas poderosos y frecuentemente antagonistas".[31] Sería probablemente injusto o desacertado atribuir a Verlaine o a Martí el patrimonio exclusivo de la teoría de la musicalidad de la escritura: ni aun los "genios" se generan a sí mismos; para que un individuo produzca una obra cumbre, es necesario que muchos otros individuos hayan ido tejiendo un entramado que la prepare, que la posibilite, que aporte la materia que sólo unos pocos sabrán moldear y encajar con fortuna, hallazgo en el que consiste su genialidad. Como lo escribió el propio Martí:

> Ni será escritor inmortal en América, y como el Dante, el Lutero, el Shakespeare o el Cervantes de los americanos, sino *aquel que refleje en sí las condiciones múltiples y confusas de esta época, condensadas, desprosadas, ameduladas, informadas por sumo genio artístico.* Lenguaje que del propio materno reciba el molde, y de las lenguas que hoy influyen en la América soporte el necesario influjo, con antejuicio suficiente para grabar lo que ha de quedar fijo luego de esta época de génesis, y desdeñar lo que en ella se anda usando lo que no tiene condiciones de fijeza, ni se acomoda la índole esencial de nuestra lengua madre, harto bella... [XXI, 163-164].

---

[31] Harold Bloom, *La angustia de las influencias. Una teoría de la poesía* (1973), trad. Francisco Rivera (Caracas: Monte Ávila, 1977), p. 36.

La originalidad, la novedad del Dante venidero son para José Martí una combinación clara: es el *"acrisolamiento, dominio sumo"* (XXI, 164). Es el *sincretismo poético,* la conciliación o, como lo indica el origen griego del término: acuerdo entre dos para ir en contra de un tercero, o *syn* (falta, atenuación) y *kretizo* (portarse traidoramente como un cretense). Es decir: una escritura que, sin traicionar, se alía, se apropia, produce otros modos de relación. Es *la mecánica de la transculturación:* hacer cultura sobre el prefijo trans, pasar del lado opuesto o a través de, ir de un lado a otro, situarse en otro espacio o a continuación en el tiempo, o taparse, cambiar, trastornar.

A través del tamiz de la universalidad y la transculturación pasa también la vocación americanista de José Martí. Su predicamento acerca de la naturaleza como marco de referencia —hay que insistir en ello— no construye un razonamiento determinista-regionalista, en el sentido de aceptar moldes según los cuales el hombre es producto de su medio. Martí creyó siempre que sólo había que escribir sobre aquello que se conocía personalmente, sobre aquello que estaba cerca del propio conocimiento: era una de las condiciones de la honestidad. Le resultaba falso escribir en el Caribe con paisajes o colores escandinavos, por ejemplo. Esto no significa que el color americano fuera uno solo y permanente, ni que compartiera prejuicios sobre la predestinación geográfica de las razas. Para él, el genio verdadero estaba en *hermanar* "con la caridad del corazón y con el atrevimiento de los fundadores, la vincha y la toga".[32]

Este detalle no es menor porque asumir la propia condición mestiza de América Latina es un paso similar al que lo lleva al universalismo; hermanar es devolver su dignidad al indio y al negro, al campesino, es aceptar que hay una heredad española y tomar del resto de la cultura lo que sea útil, pero dando prioridad a la historia propia sobre la ajena. Lo esencial es crear respuestas y no repetir, conocerse:

---

[32] *Nuestra América* (Caracas: Biblioteca Ayacucho, 1977), p. 32.

Se ponen en pie los pueblos, y se saludan. "¿Cómo somos?", se preguntan; y unos a otros se van diciendo cómo son. [...] Las levitas son todavía de Francia, pero el pensamiento empieza a ser de América. [...] Crear es la palabra de pase de esta generación.[33]

Ésa es la tesis de *Nuestra América* y que se irradia en toda su obra: conocer y darse a conocer es la clave para ser libre, porque es imprescindible elegir con lucidez y no por ignorancia. Es su modo de combatir la rigidez determinista.

"Yo vengo de todas partes y a todas partes voy", resumirá en *Versos sencillos*. El universalismo de su poética representa así una ruptura con las tradiciones románticas y costumbristas en Hispanoamérica, y con los postulados de muchos de sus contemporáneos. Como Lucio V. Mansilla, por dar un ejemplo entre los cronistas de la prensa argentina de la época, cuando dedicó una columna a la frase de Emerson "el hielo contiene mucho estudio o mucha civilización";[34] sus comentarios son pura ironía acerca de aquel *yankee* "de la escuela extravagante y fatalista de los que creen en la predestinación de las razas" y su objetivo es el ingenio y el humor: en el fondo comparte la ideología contenida en la frase.

Romper y recuperar

ROMPER CON LAS CONVENCIONES IMPUESTAS NO SIGNIFICA BUSCAR LA originalidad por sí misma, ni mucho menos el parricidio literario. Martí cree que "Las obras literarias son como los hijos: rehacen a sus padres" (p. 165) y que "en lo humano todo progreso consiste acaso en volver al punto del que se partió" (p. 226): no ignora las herencias. Lo primordial es redescubrir lo espontáneo y pre-

---

[33] *Ibidem*, p. 30.
[34] Lucio V. Mansilla, "El año de 730 días", en *Entre-Nos. Causeries del jueves* (Buenos Aires: Hachette, 1963), p. 200.

natural del hombre, lo que no está amordazado entre máscaras ajenas.[35] Dice en el prólogo a Pérez Bonalde: quedan los parámetros del germinar de una naturaleza fecunda, los ferrocarriles que echan abajo la selva, las ideas que se elaboran caminando, las plazas, las ciudades, los diarios. Eso lo lleva a redescubrir lo raigal, lo virgen, lo directo no sólo en la naturaleza, sino en aquellas imágenes útiles hasta en las mitologías bíblica y griega. José Martí quiere construir una nueva lírica que sea a la vez épica. Como bien lo ha observado Fina García Marruz:

> ¿dónde hallarla mejor [a la épica] que en nuestra desconocida historia americana, desdeñada por los escritores nuestros que van a buscar la copia europea ignorando tanto precioso original nativo? [...] Ve poesía en la manera como entran a ser elementos de la frase nombres enteros y decenas de nombres [...] Es lo adánico del lenguaje, lo enunciativo americano [...] Pero Martí no sólo ve lo épico en la historia, y el aliento de lo lírico en la vida, sino que épica le parece siempre la poesía del esfuerzo desigual de cada hombre, la lucha por el decoro, la pobreza heroica.[36]

EL REALISMO COMO FORMA DE COMPRENSIÓN Y DE EXPRESIÓN AFIRMABA que la verdad se halla en lo externo. En cambio, los modernistas buscaron la verdad en la analogía entre su interior, la vida social y la naturaleza. *La ficcionalización* de las crónicas modernistas partió de esta noción de la verdad y no sólo de su vocación por diferenciar la literatura del periodismo.

Aunque ya en el capítulo anterior se analizó la estrategia narrativa de los diarios norteamericanos en la época en que Martí era

---

[35] El aporte de las generaciones pasadas encuentra su más feliz expresión en el *Ismaelillo,* con los versos: "¡Hijo soy de mi hijo! ¡Él me rehace!" La temporalidad es parámetro esencial: Martí se ubica en el pasado y en el futuro a la vez, uniendo ese fluir en una reelaboración constante, condensando oposiciones rígidas en una imagen móvil y positiva.

[36] "El escritor", en *Temas martianos,* pp. 210-211.

corresponsal en Nueva York, conviene tomar en cuenta que éste no pudo sustraerse de la ardiente batalla entre realistas e idealistas que ocurría también en el campo intelectual de esa ciudad. Martí ya había escrito más de una crítica literaria contra el realismo y el naturalismo de Zola: reelaboró su defensa del subjetivismo ante las enormes discusiones que se daban entre esas dos tendencias.[37]

En Nueva York no había unanimidad ante el valor de los autores ensalzados por Martí —Emerson, Whitman, Longfellow, Whittier—; también allí el acelerado y cambiante ritmo del fin de siglo traía otra impronta. En la tendencia idealista de la vida, emparentado con esos autores, se ubicaba como figura central el crítico literario Edmund Clarence Stedman: se lo consideraba representante del *viejo orden;* a Howells lo ataca porque su código literario le parece falso y burdo: "Reproducir no es crear: y crear es el deber del hombre" (XI, 360-361). El dilema de Martí no es sólo resolver lo antiguo y lo moderno que se supone representan ambas posiciones, sino sus contradicciones: el idealismo de Stedman se enclava en la indiferencia del esteticismo, mientras que su repudiado Howells protesta —al igual que Martí— ante problemas sociales como la ejecución de los anarquistas de Chicago.[38]

Los escritores debieron hallar, entonces, cómo modificar en los textos tradicionales la relación hombre/naturaleza, y entre realidad ideal y material. Esta última es engañosa, la otra insuficiente: el espacio de condensación martiano intentará conciliar el *trascendentalismo* con la *vida social*, insistiendo en una escritura *útil* para el mejoramiento del hombre. Su preocupación era la de preservar la especificidad de los eventos y al mismo tiempo descubrir su sentido trascendente, lo que le daba a su trabajo el carácter casi religioso que recuerda a los historiadores románticos europeos.

---

[37] Véase, por ejemplo, "El proyecto de Guasp" (VI, 324-326).

[38] Sobre el campo intelectual norteamericano, véase *Literary History of the United States,* ed. R. E. Spiller (Nueva York: Macmillan, 1948), II, pp. 789-939.

Y como ellos, entendía la escritura como un oficio casi sacerdotal y profético, redentor.

Por eso tal vez, por la idea de la redención, sea tan frecuente en los textos de Martí la imagen de Cristo, aunque no el Cristo institucionalizado ni hagiográfico. Como en toda su escritura, las imágenes son analogías, son símbolos: la montaña es una frente, el oro no representa sólo el dinero sino su opuesto (la pureza), las águilas no son aves de rapiña sino blancos símiles de la paz, Cristo no alude necesariamente al sistema de creencias católicas sino a los muchos hombres que perdonan, cautivan y aman.

La simbología de Cristo es desarrollada así en el prólogo al "Poema del Niágara": "se está volviendo al Cristo, al Cristo crucificado, perdonador, cautivador, al de los pies desnudos y los brazos abiertos, no a un Cristo nefando y satánico, malevolente, odiador, enconado, fustigante, ajusticiador, impío" (p. 226).

La redención del ser humano es un modo de responder a la sensación de crisis general: se produjo de modo similar en Occidente, en un sincretismo cristiano/pagano que se oponía al logos dominante.[39] Es más, en el mismo año del prólogo al "Poema del Niágara", Renan interpretó en *Vie de Jésus* el resurgimiento de la imagen de Cristo y su paralelismo con la de don Quijote: "Es un idealista perfecto: para él, la materia no es más que signo de la idea, y lo real, la expresión viviente de aquello que no vemos".[40]

José Martí no participa plenamente de las condiciones román-

---

[39] La sociedad finisecular fue pasto de cultivo para el resurgimiento de diversos misticismos, en muchos casos incluso ocultistas y esoteristas. En Europa no sólo los decadentes se vieron marcados por estos impulsos: la atmósfera un tanto apocalíptica encontró una salida en el rescate del Cristo del Sermón de la Montaña, gracias a escritores como Tolstoi *(Mis confesiones, Mi fe)*, Dostoievski *(El idiota, Los hermanos Karamazov)*, Gerard Hauptmann *(El apóstol)*, Pérez Galdós *(Nazarín)*. Rubén Darío escribe en *Cantos de vida y esperanza*: "Oh señor Jesucristo, ¿por qué tardas, qué esperas (...)? / ven a traer amor y paz sobre el abismo".

[40] Citado por Hans Hinterhauser, *Fin de siglo. Figuras y mitos,* trad. M. T. Martínez (Madrid: Taurus, 1977). Otras coincidencias en ambos continentes: la mujer pre-

ticas. A pesar de los parentescos, la conciencia de la temporalidad marca la diferencia en el modo de entender el idealismo: en las postrimerías del siglo XIX, no bastan las teorías del genio poético para hallar espacios de condensación. *Su idealismo se asienta fuertemente en lo real, y en un yo ordenador donde también gravita la historia.* Escribe: "La poesía ha de tener la raíz en la tierra, y base de hecho real" (XII, 185). Para ello es necesario crear con sus textos otro espacio, otro sistema de percepción, cuyo lugar más adecuado se encontrará en las crónicas periodísticas.

---

rrafaelita (esposa o madre) *versus* la mujer fatal y la opulencia materialista; la recreación de seres híbridos mitológicos que, como los símbolos, reúnan lo dual: el centauro. La imaginería de Martí redime a la mujer como madre.

CAPÍTULO VI

LA CREACIÓN DE OTRO ESPACIO DE ESCRITURA

L OS PROCEDIMIENTOS COMO LA *POETIZACIÓN DE LO REAL* FORMAN parte de la "literariedad" y de la condición de prosa poética de las crónicas modernistas. La nueva poética produjo también un género literario nuevo, entendiendo por género un método de conceptualización de la realidad, de composición y orientación externa e interna, que en este caso oscila entre el discurso literario y el periodístico conformando un espacio propio.[1]

La condición de género literario sin precedentes de las crónicas martianas se corrobora incluso si se las analiza con herramientas estructuralistas como las del orden temporal y espacial del discurso. Esos textos son, en tanto periodismo, un *discurso representativo dependiente de la dimensión temporal* —como la historia, las biografías—, y extraen de su cualidad literaria recursos como la *ficcionalización,* la *analogía* y el *simbolismo.* Estos recursos crean un espacio distinto del referencial: sus proposiciones —como en la poesía lírica— no son lógicas ni temporales, sino de semejanza o desemejanza.

La mezcla entre la *representación referencial* y la *creación* de un *orden que sólo existe en el espacio del texto mismo* es notable en las crónicas martianas: más adelante se verá cómo la noticia de la inauguración del puente de Brooklyn —lo referencial, abundante en detalles de ingeniería— se entremezcla con descripciones de esa misma ingeniería que parecen las imágenes de un alucinado. Estas imágenes —construidas a través del sistema de las analogías— crean un espacio sólo posible dentro del texto, a pesar de que

---

[1] Uso los parámetros delineados por P. N. Medvedev y M. M. Bajtin, en "The Elements of the Artistic Construction", en *The Formal Method in Literary Scholarship. A Critical Introduction to Sociological Poetics* (pp. 129-135).

expresan o representan lo real. Las crónicas, de indudable valor referencial, tienen a la vez un efecto centrípeto y centrífugo, sus signos lingüísticos operan como denominación y contexto (significación), están al servicio del texto y a la vez pierden transparencia para tener peso específico e independiente, como ocurre en la poesía.[2]

La dualidad, la oscilación entre géneros y esferas, es característica de esta nueva escritura que no es ni poesía ni periodismo en su forma convencional; es —como aquellos tiempos de elaboración espléndida al decir de Martí— un producto en elaboración y crisis, que en la mayoría de los casos fue más una transición que un logro del todo acabado o equilibrado. Pero, en su medio camino entre una cosa y otra, se constituye en un género literario con derecho propio.[3]

El nuevo género selecciona los temas entre los hechos de la *actualidad,* especialmente aquellos que versan sobre la ciudad, la política internacional, la cultura, los descubrimientos recientes, los grandes acontecimientos; es decir, una suerte de arqueología del presente cosmopolita. Como texto que aparece inserto en los periódicos, debe presentar *una coherencia comprensible y atractiva para el lector:* ser tomado en cuenta, no cerrarse sobre sí como supuestamente ocurre con la poesía. La condición de crónica modernista implica una postura ambigua aunque en general *crítica* hacia el poder institucional y la burguesía, *una forma de renarrativizar casi cotidianamente un orden real que se ha fragmentado,* un estilo que mezcla recursos estilísticos para lograr la expresión de cada idea en imágenes, que cuida la forma y pesa las palabras,

---

[2] Véase Ducrov y Todorov, *Diccionario enciclopédico de las ciencias del lenguaje* (p. 182).

[3] Cfr. Edward Said, *The World, the Text and the Critic* (Cambridge: Harvard University Press, 1983). Allí acota: "... the best way to consider originality is to look not for the first instances of a phenomenon, but rather to see duplication, parallelism, symmetry, parody, repetition, echoes of it —the way, for example, literature has made itself into a topos of writing" (p. 135).

incorporando para ello, si es necesario e incluso acentuando el procedimiento, neologismos, criollismos, arcaísmos, citas en otros idiomas.

La crónica modernista se somete primero a la prueba de la propia experiencia, incluye a la naturaleza y hace explícitas sus alusiones culturales. Es la musa/museo: como se trata de una escritura que nace para romper con las convenciones, el único modo de no quedar atrapado entre las redes de las propias lecturas es *verbalizarlas*, mostrarlas, convertirlas en parte del tinglado con el que se construye la nueva percepción.[4]

Las crónicas cuentan con la *estilización del sujeto literario*, a diferencia del periodismo: su estrategia narrativa no es la de la objetividad. Suelen ser textos fuertemente autorreferenciales, incluyendo a menudo reflexiones sobre la escritura en sí.

Este modo de escribir es uno de los elementos que definen la novedad de esta escritura, si por novedad se entiende lo que no es repetición de esquemas, figuras o significaciones, si por novedad se entiende lo que sobrepasa "su época, su lenguaje, la institución en la que y por la que nacieron".[5]

---

[4] El museo es un sistema concreto para ordenar una epistemología, una institución que organiza una determinada concepción de mundo con base en una selección de heterogeneidades. El museo puede ser lo académico pero, sometido al subjetivismo, se rearticula en la no racionalidad de la fantasía. El yo ordena a su modo y, además, tematiza en el texto el trabajo de citas: todos los escritores han armado siempre con su obra una versión del "museo", del pasado, de la memoria literaria. Los modernistas exhiben el juego, muestran el libro de la cultura y la construcción de un nuevo pasado. Véase Aníbal González-Pérez, "Máquinas de tiempo: temporalidad y narratividad en la crónica modernista" (capítulo I), y Julio Ramos, "Contradicciones de la modernización en América Latina: José Martí y la crónica modernista" (capítulo III).

[5] Cornelius Castoriardis, *Les carrefours du labyrinthe* (París: Seuil, 1978), pp. 18-19. Recurro a esta definición por considerarla más adecuada a la que se puede extraer de los análisis de Tinianov, sólo porque éste considera lo nuevo como una sustitución de sistemas, como una evolución casi darwinista: es decir, como si en verdad cada nuevo sistema fuese una especie de hijo más adelantado de algún otro

La retórica de lo sublime

MARTÍ QUERÍA DAR CUENTA DE LA MODERNIDAD. EL ESCRITOR ESTÁ EN la batalla de los tiempos modernos, decía. Su deber es interrogar su interior y a la naturaleza, integrándose a sus ciclos y leyes, despertando en los demás el pensamiento de lo grande y la libre búsqueda de un sentido que justifique a cada hombre, porque "la vida humana sería una invención repugnante y bárbara, si estuviera limitada a la vida en la tierra" (p. 236).[6]

Martí no se sirve solamente de lo novedoso. Él quería:

> hacer llorar, sollozar, increpar, castigar, crujir la lengua, domada por el pensamiento, como la silla cuando la monta el jinete; eso entiendo yo por escribir. —No tocar una cuerda, sino todas las cuerdas.— No sobresalir en la pintura de una emoción, sino en el arte de despertarlas todas.[7]

Y para lograrlo hay un recurso empleado por románticos y costumbristas en Hispanoamérica, al que Martí —que comprende su eficacia— no está dispuesto a renunciar por completo: la retórica de la oratoria. En su escritura está el aliento de su pasión por lo sublime, además de marcas de la tradición oral y retórica del siglo XIX. En cuanto a la oralidad, debe tomarse en cuenta que los diarios —como muchos poemas populares— eran leídos en alta voz a los analfabetos durante buena parte del siglo y sin duda tal realidad fue tomada en cuenta en las redacciones.

---

sistema anterior. Véase Y. Tinianov, "De la evolución literaria", en *Formalismo y vanguardia* (1), trad. Agustín García Tirado (Madrid: Comunicación, Serie B, núm. 3, 1973), pp. 115-139. Sobre el concepto de novedad en la literatura, véase también el capítulo de Edward Said "On Originality", en *The World, the Text and the Critic*, y el apéndice "Platon et le simulacre" de Gilles Delleuze, *Logique du sens* (París: Minuit, 1969), pp. 292-306.

[6] La paginación incluida entre paréntesis dentro del texto corresponde al "Poema del Niágara", en *Obras completas*.

[7] *Trópico*, LXXIII, 133-134.

Sea por el rescate de las antiguas estrategias de lo sublime, sea por permanencia de la tradición, lo único fehacientemente demostrable es que Martí era tan activo como orador que como periodista. La subjetividad, la inmediatez, la analogía, el cromatismo, la sinestesia: todo fue un fluir entre discursos políticos, crónicas y poemas, que se influyeron mutuamente, se enriquecieron, se contagiaron poéticas. Testimonio del orador-escritor dejó Enrique José Varona:

> Nunca olvidaré el embeleso en que estuve todo el tiempo que habló Martí. La cadencia de sus períodos, a los que sólo parecía faltar la rima para ser verso, mecía mi espíritu como verdadera música y con el efecto propio de la música. Al mismo tiempo, pasaban ante mí, como enjambre de abejas doradas, como surtidores y canastillos de agua luminosa, como rosetones de fuego que se abren por el éter en manojos de oro, zafiro y esmeraldas, sus palabras sonoras, en tropel de imágenes deslumbrantes, que parecían elevarse en espiras interminables y poblar el espacio del fantasma de luz.[8]

Si bien la oratoria pareciera estar más del lado del siglo XIX que del XX, Martí la transformó en otro producto, con su estilo sincrético. Tanto es así que su construcción es asimilable en muchos casos a la del muy moderno Walt Whitman, quien también descubrió lo sublime en la secreta relación entre lo viviente. Pocos cronistas viejos recurrían a la oratoria en toda su riqueza y se limitaban a apelaciones al lector o al uso de máximas y admiraciones; Martí enriquece el sistema textual con su mixtura de periodismo, literatura y oratoria. Además, toma de las técnicas sólo lo útil: "porque antes que la retórica oprimiese el talento, el talento fue el creador de la retórica".[9]

Esta precisión en el manejo del recurso lo lleva a efectos que

---

[8] "Mis recuerdos de Martí", *Revista Cubana*, vol. XXIX (julio de 1951-diciembre de 1952), p. 48.

[9] *Trópico*, L, 50.

no eran comunes en la escritura, que crean en el relato una impresión de vida tal que los personajes —incluido el narrador— parecen querer salirse de la página: como decía Miguel de Unamuno, los versos de Martí eran vivíparos y se experimentaban como actos de vida.[10]

Dentro de la extraña mezcla de imágenes y técnicas que construirían su prosa fragmentaria y construida con sensaciones, tamizada por un yo estetizante, José Martí logra una identificación de lectura no insignificante y menos en aquel momento de definición de los espacios discursivos.

El carácter moral que Martí atribuye a la escritura, a diferencia de los artepuristas e incluso de los modernistas, lo señala como un caso de excepción. Sus métodos impresionistas, simbolistas, parnasianos, su sinestesia, lo alejan también de los románticos, a la vez que su percepción de la modernidad lo lleva a incluir lo fragmentario, la impresión, la velocidad que tantos escritores habrían de incorporar a la prosa. Su trabajo con la imagen tiene de inusitado un vigor y un matiz que habría que llamar moral; *su imagen tiende a romper el equilibrio de lo conocido, buscando armonías en lo que parece adverso.* Coincide con la filosofía de Guyau, Tarde y Fouillé al señalar la fuerza de la sugestión visual sobre el pensamiento, como medio de evadir las teorías deterministas y recuperar para el hombre el libre arbitrio.[11]

---

[10] "Martí pensador", en *Antología crítica de José Martí* (México: Cultura, 1960), p. 534.

[11] Para estos pensadores la imagen contenía una idea, un pensamiento que a su vez era acción; su propuesta era trabajar ideas/fuerza o imágenes que pudieran *persuadir* o hacer que la gente viera la realidad de otro modo y eligiera entre opciones. "La grandeza de uno llamaría a la grandeza del otro", escribió Alfred Fouillé en *Libertad y determinismo,* trad. L. Alcalá-Zamora y Castillo (Buenos Aires: Alcalá, 1947), p. 330. Véase M. Guyau, *La educación y la herencia*, trad. A. Posada (Madrid: La España Moderna, s. f.). También los escritores del renacimiento norteamericano desarrollaron ideas "utopistas" en relación con las creencias puritanas acerca de la falibilidad trágica del hombre. "This power is in the image because this power is in Nature", escribía Emerson (citado por F. O. Matthiessen en *American*

Como decía Fouillé:

> La inteligencia es a la vez el poder de unir y de discernir: al pensar en las cosas del exterior, las enlazamos, y la propia ciencia consiste en ese enlace [...]. Dentro de ese límite podemos decir como el Dios de Boileau: "No pienso en las cosas venideras únicamente porque serán; sino que parte serán porque yo las pienso".[12]

Martí cree en el mejoramiento del hombre, pelea por lograrlo contagiándolo de imágenes que quiebren su percepción adormilada entre moldes, para decir como Whitman: "Aquel que cerca de mí muestra un pecho más ancho que el mío, demuestra la anchura del mío" (XIII, 140).

Para Longino y para él, una sola virtud era suficiente para elevarse por encima de los defectos. En Martí la búsqueda moderna de la belleza no era abstracta: también era moral. Así reflexiona: "Que la belleza de la forma envuelva el buen precepto: que la alteza de los personajes envuelva el ejemplo bueno".[13]

En este punto se halla el equilibrio general de sus "Escenas norteamericanas", tan críticas y admirativas de aquella sociedad. Lo dice en la semblanza del general Grant por medio de dos endecasílabos perfectos, con cesuras de seis y siete sílabas: "Culpable pudo ser; mas su pecado será siempre menor que su grandeza" (XIII, 43).

Martí quería comunicarle al lector que podía encontrar paz y estabilidad en el diálogo con la naturaleza, quería contagiarle el éxtasis del que Platón habla en el *Fedro:* ese bien de dioses que proporciona alas al alma y está unido a la belleza y la reminiscencia. Es lo que Longino llamaba lo sublime: la desmesura mesura-

---

Renaissance, p. 42). Lo sublime también era una búsqueda calderoniana y de los krausistas españoles; lo mismo se puede decir de los retóricos griegos como Longinos.

[12] Alfred Fouillé, *Libertad y determinismo*, p. 271.
[13] *Trópico*, XL, 99.

da, la vehemencia de las emociones, lo divino, lo que sobrecoge y pasma; lo que toma como un deber producir resonancias, preñar a las demás almas y educarlas para los sentimientos nobles.[14]

En las crónicas norteamericanas se encuentran recursos de la antigua retórica de lo sublime, en un movimiento típico de Martí por reunir los distintos tiempos, haciendo que confluyan en un mismo punto de intersección las observaciones estilísticas de Longino, Fouillé o Whitman. Para ello inserta sus extraordinarias analogías en construcciones que suelen obedecer a reglas de la oratoria: lo sublime aparece como nacido del mismo orador —las descripciones de este tipo de experiencias en "Emerson", por ejemplo, no son citas del norteamericano, sino comienzan con un "se" que incluye al narrador—; emula a los grandes, rompe las reglas del periodista como mero mediador de la información para ser otro protagonista:

> Las banderas están a media asta, —y los corazones: Peter Cooper ha muerto. Éste que deja es un pueblo de hijos. Yo no he nacido en esta tierra —ni él supo jamás de mí, —y yo lo amaba como a padre. Si lo hubiera hallado en mi camino, le hubiera besado la mano... [p. 48].

Rara vez Martí dedica una crónica a un solo tema; la mayoría de las veces, si lo hace, es para componer retratos de grandes personajes que acaban de morir. Estos grandes son poetas-filósofos,

---

[14] Longino, *De lo sublime* (Buenos Aires: Aguilar, 1980), pp. 28, 61. Ivlart predicaba la alabanza en lugar de la censura; en una carta a Manuel Mercado explica su posición de modo sencillo: "Sus defectos, los tienen todos; pero sus cualidades ¿cuántos las tienen?..." (XX, 135). Véase Josef Pieper, *Enthusiasm and Divine Madness* (Nueva York: Helen and Kurt Wollf Book Harcourt, Brace & World Inc., 1964) y *Love and Inspiration. A Study of Plato's Phaedruss* (Londres, Faber and Faber, 1964); George Kennedy, *The Art of Persuasion in Greece* (New Jersey: Princeton University Press, 1963); Alfonso Reyes, "La antigua retórica", en *Obras completas* (México: Fondo de Cultura Económica, 1961), XIII, pp. 349-587; y, por supuesto, Aristóteles, *El arte de la retórica* (Buenos Aires: Eudeba, 1979).

oradores-sacerdotes, políticos-guerreros. Si se trata de un escritor su deseo de emular lo lleva incluso a mimetizarse con su estilo, especialmente en las semblanzas de Longfellow, Emerson y Whitman; generalmente la voz del cronista-narrador y la del poeta se confunden en una sola, a veces sin más transición que las comillas, a veces sin comillas en absoluto: ésa es una de las técnicas del entusiasmo en la oratoria, cuando el que habla de pronto ocupa la primera persona como si fuera el personaje.[15]

Recurre a las máximas. Hablando de Beecher dice: "Así donde la razón campea, florece la fe en la armonía del universo" (p. 33); construye figuras sobre la base de mitos colectivos: los retratos de Wendell Phillips y Peter Cooper están construidos sobre la imagen de Cristo; Emerson y Whitman parecen sacerdotes o profetas bíblicos, los políticos son héroes épicos. La cadencia rítmica, tan vital para la oratoria, lo es también para la musicalidad de la nueva prosa poética: allí se combinan pasión y serenidad, silencios, cadenas de admiración o interrogación, trasposiciones, significación a través de los sonidos.

En "Whitman" la anáfora abunda: sólo en el segundo párrafo repite ocho veces la palabra hombre (p. 131); hay epanalepsis como "santo es el sudor y el entozoario es santo" (p. 134), silencios dados por espacios en blanco y signos de puntuación, paralelismos de construcción como los de empezar las frases con mínimas variantes: él se crea, él lee, él no vive, él lo dice, él es (pp. 132-133); otro recurso típico en sus crónicas es la antinomia "no es... sino".

Se observa la riqueza de las asonancias y aliteraciones: "despertando en las selvas fecundas de la orilla las flores fatigadas y los nidos. Vuela el polen; los picos cambian besos; se aparejan las ramas" (p. 133), además la sucesión de imágenes sugeridas se va dando por contigüidad: flores/nidos/volar/polen, picos/besos/aparejarse/rama. He aquí otra muestra donde las "o" y las "m" y las

---

[15] El análisis que sigue fue aplicado a *Obras completas,* XIII; para no repetir, sólo las páginas aparecerán entre corchetes.

"n" se constituyen en una suerte de arrullo —acompañado por el ritmo de puntuación y las agrupaciones consonantes, la coliteración, la repetición de palabras—, arrullo a pesar de que es la descripción de un cementerio:

> un hueso es una flor. Se oye de cerca el ruido de los soles que buscan con majestuoso movimiento su puesto definitivo en el espacio; la vida es un himno; la muerte es una forma oculta de la vida; santo es el sudor y el entozoario es santo; los hombres, al pasar, deben besarse en la mejilla; abrácense los vivos en amor inefable; aman la yerba, el animal, el aire, el mar, el dolor, la muerte; el sufrimiento es menos para las almas que el amor posee; la vida no tiene dolores para el que entiende a tiempo su sentido; del mismo germen son la miel, la luz y el beso... [p. 134].

También se pueden ver acumulaciones, consonancias internas, secuencias fónicas trastrocadas, cesuras cambiantes y encabalgamientos:

> oyendo, con las palmas abiertas al aire, el canto de las cosas; sorprendiendo y proclamando con deleite fecundidades gigantescas; recogiendo en versículos édicos las semillas, las batallas y los orbes; señalando a los tiempos pasmados las colmenas radiantes de hombres que por los valles y cumbres americanos se extienden y rozan con sus alas de abeja la fimbria de la vigilante libertad; pastoreando los siglos amigos hacia el remanso de la calma eterna, mientras sus amigos le sirven en manteles campestres la primera pesca de la Primavera rociada con champaña... [pp. 142-143].

Martí quería producir diversas pausas en el ritmo de la lectura, por lo cual recurrió a una puntuación no académica. En sus textos los guiones son una suerte de comas largas —marcan un detenimiento en la lectura mayor que las comas comunes—; los dos puntos reaparecen varias veces dentro de la misma frase, no para indicar semejanzas o derivaciones, sino como una forma de detener el ritmo de lectura. Los signos de puntuación son, para Martí, de entonación; deseaba crear otros como la coma menor, el acento de lectura o de sentido y el guión menor (XXI, 338).

El siguiente párrafo, de corte expresionista, muestra estrategias de la retórica de lo sublime como la gradación, la acumulación, la pregunta y respuesta, el cambio de persona, el torrente de metáforas, la perífrasis:

> ¿No se sabe aún qué son sus versos? Son unas veces como anciano barbado, de barba serpentina, cabellera tortuosa y mirada llameante, que canta, apoyado en un vástago de encina, como ángel gigantesco de alas de oro, que se despeña desde alto monte verde en el abismo. ¡Anciano maravilloso, a tus pies dejo todo mi haz de luz de palmas frescas, y mi espada de plata! [p. 30].

La crónica sobre la muerte del presidente Garfield es rica en recursos oratorios. Tiene dramatización con diálogos de un hecho pasado narrado en presente, representaciones tan vívidas como si el narrador hubiera sido protagonista o testigo directo, exaltaciones, ira que apostrofa y luego se entrecorta de dolor, frases que no llegan a completarse y desaparición de conjunciones y verbos. He aquí una muestra:

> Las quintas de Long Beach dormían ya, envueltas en sombras: oíanse a lo lejos los pasos de los guardas; un niño mensajero, como una mariposa, revoloteaba, corría, entraba y salía en la casa del Presidente herido; [...] escasos grupos recorrían las avenidas, comentaban en los solitarios corredores de los hoteles las nuevas del día [...]; el valeroso paciente, viendo en el rostro de todos el espanto, había querido verse en un espejo, y vio en él su faz seca y demacrada... [p. 200].

Es que no merece el asesino ni que se cobre en él el precio de su crimen. ¡No! por volver las manos a Él, quien nos ve desde su tumba con ojos de padre, ¿hemos de llevarlas manchadas de sangre, de impía y vil sangre? ¡Reposa en su cueva y en su tiniebla y en su olvido, el malvado envidioso! ¡Que las piedras y el hierro acompañen hasta las postrimerías de su infame vida su corazón de piedra y de hierro! ¡Los hombres que han de elaborarse a sí mismos y merecer a sus héroes, no tienen tiempo de matar a un vil! [p. 206]. Después de la autopsia, cerrado el cuerpo roto, empezó la colosal apoteosis. ¡Sobre caminos de flores, entre sollozos y llantos, entre muchedumbres postradas —entre enlutados ejércitos— entre banderas, y festones, cretonas y lauros; entre ofrendas de monarcas y amor del pueblo, gloriosísima ofrenda; sobre almohadas de rosas, bajo guirnaldas de oro; entre paredes de mármol, ha cruzado este muerto la nación! [p. 207].

La exaltación suele ayudarse con sucesiones verbales como "amó, fundó, consoló" (p. 49); con la acumulación graduada: "clamó su crimen, suplicó su miedo, retemblaron las batallas y tendieron las alas sus victorias" (p. 34); con el efecto sorpresa de adjetivos insólitos como el "moisíaco enojo" de Emerson (p. 19) o de imágenes imposibles al estilo del polvo que se convierte en nieve al caer sobre el féretro de Longfellow (p. 230).

Lo antiguo y lo moderno se reúnen de un modo consciente en la prosa martiana, en un contagio de épocas acorde con ese pensamiento dual entre el afuera y el adentro, el arriba y el abajo, lo antiguo y lo contemporáneo.

Entre las herramientas valoradas en el siglo xix por los escritores se hallaba la filología y los románticos la tuvieron en cuenta. Martí dice en el prólogo al "Poema del Niágara" que "no hay placer como éste de saber de dónde viene cada palabra que se usa, y a cuánto alcanza" (p. 234). Él iba a darle su propio rumbo, distinto aun del que marcó Emerson, por ejemplo. La búsqueda raigal del lenguaje hizo que éste escarbara en el antiguo sajón términos equivalentes para descartar los latinismos de su idioma; en cambio Martí recuperó el conceptismo del Siglo de Oro, reviviendo no sólo algunos arcaísmos, sino el hipérbaton gongorino y el barroquismo calderoniano que partía también de imágenes cotidianas como analogía de una categoría universal. Tomó también la agudeza conceptual y léxica de Baltasar Gracián, de quien rescató no sólo la densidad de sentido de cada palabra, la tendencia a las sentencias aforísticas o iniciadas con el impersonal "se", sino el gusto por crear vocablos a partir de otros ya existentes; así, los neologismos martianos son numerosos: airosidad, escrupulear, robador, huronear.[16]

Del conceptismo renacentista pudo haber aprendido procedimientos parecidos a algunos de los empleados después por los simbolistas, como las comparaciones absurdas entre elementos que no tienen relación, enlazar lo interno y lo externo, transformar las imágenes en otras, jugar con los contrastes y lo paradójico, la antítesis, el léxico de sublimación. O el muy quevediano recurso de usar palabras comunes en un sentido distinto —como "peinar" en lugar de "pasar"—, creando un sistema lingüístico basado en el anterior.

Hay artículos de Martí, como el "Centenario de Calderón" (1881), donde esta apropiación de recursos renacentistas toma cuerpo de un modo obvio, puesto que el tema se prestaba: el estilo de cada crónica martiana varía, amoldando sus leyes internas de acuerdo con el asunto. El "Centenario de Calderón" comienza con un apotegma: "Honrar a los muertos es vigorizar a los vivos" (XV, 109). Hay hipérboles como "del más alto poeta que ha rimado en romance" (p. 109). Abundan las antítesis: filósofo rebelde/siervo manso, rey de suyo/soldado de reyes (p. 111), procesión pomposa/fiesta humilde, hombres canosos/alegres donceles (p. 112). También se encuentran las series de tricolon de grada-

---

[16] Sobre los neologismos, véase el estudio de Alan M. Gordon "Verb-Creation in the Works of José Martí" (Harvard University, 1956), tesis de doctorado, inédito; también Manuel Pedro González, "José Martí: Jerarca del modernisino", en *Miscelánea de estudios dedicados al Doctor Fernando Ortiz por sus discípulos, colegas y amigos* (La Habana, 1956), pp. 740-741. Sobre las coincidencias de Martí con la obra de Baltasar Gracián, véase Manuel Pedro González en *Martí, Darío y el modernismo*, p. 143; y Juan Marinello, "Sobre Martí escritor. La españolidad literaria de José Martí", en *Vida y pensamiento de Martí* (La Habana: Municipio de la Habana, 1942), pp. 159-252.

ción: "Han vuelto a cortar el aire con sus arrogantes giros los manteos, y a golpear el suelo las luengas bayosas, y a taconear por las calles de la corte, aquellos elegantísimos chapines, presos en fortunadas virolas de lustruosa plata" (p. 109); la dicción conceptista: "cárceles de perfumados untos", "rebeldes bigotes" (p. 109), "carrozas que, más que ruedan, gimen" (p. 111), "caja de joyas", "rosas humanas" (p. 112). En este texto se leen transformaciones hiperbólicas como "Noche del trópico, seno de estrellas, ramilletes de luces" (p. 110), términos que remiten a la España de la época (ingenio, manteo, fama, moriscas), construcciones que comienzan con la metáfora para luego referir la imagen real, como "olas de gasa vienen luego, con su espuma de flores; —y son niñas de las escuelas de Madrid [...]. Gusanillos innúmeros alados les suceden —y son los flameantes banderines que cargan rapaces incontables, alumnos de las escuelas madrileñas" (p. 122). Hay tópicos que no lo son: "los restos mudos que fueron un día cárcel de aquella alma elocuente" (p. 110); ascetismo como tópico e invención de palabras de raíz latina como: "... del galanteador tenaz en aquella misma mañana recogido, mariposilla de verano, que dejará en el corazón su polvo de oro, y morirá con las primeras nieblas autumnales" (p. 110); alusión a figuras teatrales del Siglo de Oro, como don Juan.

En el "Centenario de Calderón" se encuentran endecasílabos como "lindo es Madrid en todo el mes de mayo" (p. 109), "alfombra de cabezas son las calles" o "y vieron luego las absortas calles" (p. 111), hipérbaton como "aquellos tiempos híbridos en que de cabellos de sus damas hacían trenzas para sus sombreros los galanes" (p. 109).

El hecho y la representación

ESTE TIPO DE INCORPORACIONES QUE TRAEN ELEMENTOS DEL SIGLO XVII a un texto que se escribe próximo al XX, dan lugar a novedades aún más significativas. Tal es el caso de la crónica "Jesse James, gran bandido" (1882), donde la referencialidad pierde toda importancia aunque la información periodística esté incluida: noticia de su asesinato a manos mercenarias.[17]

Los diarios *The Sun* y *The New York Times* ofrecieron en su primera plana el 4 de abril de 1882, un relato con énfasis en lo narrativo sobre el modo en que murió James; luego del título, sumario y un primer párrafo noticioso, se sucede una puesta en escena ficcionalizada y realista sobre el asesinato. En general, en todas las noticias que siguieron publicando durante el mes, ambos periódicos acentuaron la noble y gallarda fisonomía del delincuente, la relación de amor con su esposa, lo obtuso de los amigos que lo mataron.

De la excitación e incredulidad de las masas ante la novedad, de la medianía de unos asesinos a sueldo, José Martí extrae una saga que deja de lado tanta precisión de nombres, apellidos y minutos exactos, haciendo de "Jesse James, gran bandido" un cuento de hálito renacentista en el *Deep South* de los Estados Unidos. James termina siendo caballero manchego cual un don Quijote épico: el autor no deja de reiterar su rechazo a la violencia del bandido, aunque convierta al episodio en una oda a la hermosura de los valientes —"como figuras de oro que vuelan, las de los bravos jinetes, a los ojos fantásticos del vulgo, embellecidos con la hermosura del atrevimiento" (p. 240)—, abatido por mediocres que se mueven a la sombra y cuya comparación implícita con Judas es inevitable.

Si bien el texto de Martí comienza aludiendo a Nueva York y a Missouri, y luego acudirá a algunos nombres como modo de localizar el relato y darle verosimilitud (Sheridan, Grant, Kansas), otra realidad empieza a invadir al texto hasta que se lo apodera por completo: se invoca al duque de Alba, a Pizarro, a Flandes, y de allí va creciendo hacia la "bravura" que deja atrás a los jueces inhábiles, hacia el caballero del robo, los toros, el circo enrojeci-

---

[17] En *Obras completas*, XXIII. Las páginas correspondientes a las citas se señalarán entre paréntesis en el texto.

do, las damas de España que lanzan al aire los abanicos, el matador, la mantilla. Este tipo de asociaciones culturales extrapolan una simple noticia local y efímera a una esfera de épica literaria; ayudan a este salto entre esferas comparaciones insólitas como: "acudieron a ver caer en la fosa aquel que rompió tantas veces con la bala de su pistola el cráneo de los hombres, con la misma quietud serena con que una ardilla quiebra una avellana" (p. 241).

El resultado es una crónica que no saca al lector de la dimensión de la realidad de los hechos —como lo podría hacer la literatura fantástica—, sino que *introduce en ese plano de realidad un modo de percepción que lo mitologiza o trascendentaliza sin perder el equilibrio de lo referencial*. Es un ejemplo perfecto de la crónica como literatura: perdido el aspecto de la actualidad informativa, un siglo después el texto es una obra con valor independiente; ni siquiera es realmente imprescindible que Jesse James haya existido en la historia para tener sentido como personaje. He allí una de las claves para desentrañar la confusión que tiende a descalificar la literatura referencial como tal, *como si el hecho real y el sistema de representación fueran dos esferas que jamás pueden tocarse*.

Es notable la diferencia que un mismo movimiento de la curiosidad depara en los creadores al buscar en los orígenes para hacer algo de higiene con el propio lenguaje. Emerson llegó a la síntesis, Martí al barroco.[18]

También esta cualidad parece contradictoria, puesto que en repetidas ocasiones este autor aseguró: "El arte de escribir ¿no es reducir? La verba mata sin duda la elocuencia. Hay tanto que decir, que ha de decirse en el menor número de palabras posible: eso sí, que cada palabra lleve ala y color" (XIII, 196). Capaz de describir situaciones complejas en poco espacio, Martí se vuelca en una prosa florescente que a veces parece sobreabundante, hiperbólica: hay que leerla con detenimiento para darse cuenta de que

---

[18] Cfr. Manuel Pedro González, en *José Martí en el octogésimo aniversario de la iniciación modernista, 1882-1962* (Caracas: Biblioteca Venezolana de la Cultura, 1962), p. 47.

nunca infla, de que no hay frases vacuas, de que las ampliaciones suelen ser una forma de precisar y de que la ruptura de la sintaxis rompe también mecanicidades de lectura y, por ende, de percepción. Además su barroquismo es natural; no hay en sus líneas lugar para la escritura enjoyada, porque como decía en *Versos libres*, "mis versos van revueltos y encendidos / como mi corazón..."

Sanín Cano, cuyo universalismo y conciencia de la modernidad lo emparenta con los modernistas, afirmaba que en su época debía reinar la divisa de Stuart Mill *nemeso apistein* (aseguraos de que desconfiais), "que puede ser también la de Renan y la de Taine".[19] Esta duda generalizada, esencia de los simbolistas, pudo también influir en el "contagio" de las técnicas impresionistas, ya que aprender a ver sin moldes implicaba de algún modo terminar descubriendo que las manchas uniformes de color usadas por la pintura tradicional no representaban los procedimientos de la naturaleza; Martí pudo descubrir afinidades en las pinturas impresionistas a las que como crítico de arte de la prensa norteamericana dedicó bastante atención.[20]

Sanín Cano coincidiría en descartar la importancia del origen de cada rasgo: él afirmaba que la humanización del paisaje no era exclusiva de los impresionistas, puesto que el sentimiento moderno de la naturaleza ya podía ser hallado en Rousseau, Tasso, fray Luis de León o Virgilio, sin que este tipo de rastreo sea más que un "ejercicio atlético".[21]

EN EL PRÓLOGO AL "POEMA DEL NIÁGARA" DE PÉREZ BONALDE ES FUERTE, aunque elíptica, la crítica contra los escritores adscritos a alguna forma de poder: aunque no invoca a románticos o costumbristas por sus nombres, por ejemplo, acusa sin piedad a los que él

---

[19] Sanín Cano, *El oficio del lector*, p. 20.
[20] En 1880 Martí escribió artículos sobre pintura europea en *The Hour*, a mediados de ese año comenzó su larga colaboración como crítico literario en *The Sun*, el diario de Charles Danah.
[21] *El oficio del lector*, p. 151.

llama bardos de alquiler de la corte, asustados ante los escritores que "aunque a veces arriendan la lira, no la alquilan ya por siempre, y aun suelen no alquilarla" (p. 228), aludiendo sin duda al oficio pago de los cronistas modernistas.

Se lee en estas líneas una reivindicación orgullosa del desplazamiento sufrido por los escritores en la sociedad finisecular: al desaparecer los mecenas, los tributos y las reverencias, el escritor se encontró libre al fin para descubrir una lírica y una épica que "saca cada uno de sí propio" (p. 225). El recogimiento de antes y la sensación de que había elementos constantes podían generar obras ciclópeas, mas en ellas sonaban "sonajas de bufón de rey, o en badajo de campana de iglesia, o en manjar de patíbulo" (pp. 267-270); peor aún: la forma de expresar opiniones era sólo el chisme.

Martí critica la escritura hispanoamericana del siglo XIX porque oscurece "con el polvo del combate que hace un siglo empezó y aún no termina" (p. 224); en verdad, exagera un tanto su ataque, tanto como lo han hecho siempre los jóvenes que pretenden iniciar una nueva poética. Porque él pasa por encima una realidad literaria que era igual para la España de la primera mitad del siglo XIX como para la Hispanoamérica de la posindependencia: "Los libros estaban tan cargados de frases anticuadas, vocablos viejos y arcaísmos, que, de no conocer el nombre del autor, era imposible saber a qué siglo de la literatura española pertenecían".[22]

Y es innegable que la situación de escritura previa al modernismo ya denotaba algunas marcas de propiedad: quería expresar la historia y el porvenir, el individuo y sus dudas, o el hombre representativo de un pueblo y una clase social, dar nombre a lo americano, revisar la lengua. Andrés Bello estableció una gramática para unificar el idioma; otros, como Sarmiento, intentaron enriquecerla españolizando palabras francesas, incorporando inglesas, inventando vocablos, rescatando arcaísmos y coloquia-

---

[22] Luis Lorenzo-Rivero, *Larra y Sarmiento*, p. 206.

lismos, tratando de ser sencillos en la expresión y recurriendo a metáforas tan visuales que mal podía despreciarlas Martí.[23]

No obstante, lo básico no había cambiado. Las innovaciones formales fueron puramente teóricas. Lo más importante permanecía igual: las ideas heredadas. Por eso la prédica de Martí es aprender a ver con los propios ojos. En su crónica sobre Walt Whitman insiste:

> Las universidades y latines han puesto a los hombres de manera que ya no se conocen [...]; como el budín sobre la budinera, el hombre queda amoldado sobre el libro o maestro enérgico que le puso en contacto el azar o la moda de su tiempo; las escuelas filosóficas, religiosas o literarias, encogullan a los hombres, como al lacayo la librea... [XIII, 131].

El mismo principio lo aplica a la política, puesto que, en definitiva, toda su lucha y su poética tienen que ver con el encadenamiento impuesto por las instituciones. Así, en *Nuestra América* la libertad política sólo se alcanzará cuando se dejen de imponer modelos ajenos. "Gobernante, en un pueblo nuevo, quiere decir creador", escribe.[24]

La tradición literaria a la que alude Martí no está en el pasado, sino que sigue siendo su contemporánea. Es interesante cómo en la misma época y en los mismos medios —los diarios— se entrecruzan poéticas tan distintas, tan representativas de un ayer y de un mañana que coexiste y está en transición. El lugar más idóneo para observarlo es, justamente, el de los diarios y no sólo porque ése fuera el espacio de la crónica modernista, sino porque la lite-

---

[23] Sarmiento, por ejemplo, rescató arcaísmos como batear, cuasi, ganapanes; regionalismos como chifles, gauchear o vizcachera; inventó vocablos como sistemado, vandalaje, civilizable, montonerizado (véase Luis Lorenzo-Rivero, *Larra y Sarmiento* [Madrid: Guadarrama, 1968], p. 221). Martí también recibió la influencia del romanticismo europeo; sin declararse nunca parricida, atacó sin embargo la situación de los escritores con respecto al poder institucional.

[24] *Nuestra América*, p. 28.

ratura se había ido encerrando en las columnas de los periódicos: no hay que olvidar que allí aparecían traducciones, cuentos, novelas por entregas, ni que los escritores hispanoamericanos trabajaron en ese medio aun antes de que se redefinieran los discursos y se dividieran los oficios entre los políticos, los *reporters* y los poetas. Ya lo decía Sarmiento, con una queja similar a la de los modernistas: "Las sociedades presentes se han personificado en el diario, y puede decirse que su literatura, sus idiomas y su elocuencia, se resienten de la estrechez de las páginas del diario..."[25]

Glosar la nacionalidad: Ricardo Palma y Domingo Faustino Sarmiento

ENTRE LAS CONVENCIONES ATACADAS POR JOSÉ MARTÍ SE HALLABAN SIN duda los cuadros costumbristas, con toda su dosis "congelante" de la realidad, su mimesis supuestamente regionalista. Los cuadros de costumbres, antecesores en América Latina de la crónica, seguían publicándose en la época de Martí.

En esos textos es válida la frase "Escribir es poblar" de Carlos Monsiváis, parafraseando la célebre "gobernar es poblar" de Juan Bautista Alberdi.[26]

Allí, como en los textos de mediados del siglo XIX, se ayudaba a forjar naciones al describir y promover estilos de vida, reiterando costumbres como rituales cívicos. Se afirmaba la nacionalidad glosándola. Es la racionalización del espacio público, como se vio en los primeros capítulos de este estudio.

En la racionalización modernista, el mundo —léase la ciudad— aparece fragmentado, contradictorio, lleno de dudas. Otros escritores de la época, en cambio, se mantuvieron más cercanos a proposiciones previas.[27]

---

[25] Citado por Lorenzo-Rivero.
[26] *A ustedes les consta. Antología de la crónica en México*, p. 26.
[27] Su espíritu se asemeja a la muy posterior descripción de Monsiváis (p. 32):

El peruano Ricardo Palma es el más conocido exponente de este tipo de escritura. Para él, iniciado como autor en la época de la posindependencia, el texto debía llenar el vacío con humor. Reinventa o recrea la historia a través de crónicas que no son propiamente cuentos, ni periodismo ni historia estricta; propone en los diarios una suerte de literatura nacional escéptica, no enteramente antiinstitucional y sí anticlerical, que atrae al lector con una enseñanza amena, mezcla de anales y folletín, que se pretende verdadera en esencia y no en el dato. Palma llegó a ser miembro de la Academia de la Lengua: creía en un casticismo vehemente que incorporaba, en caso de necesidad, algunos americanismos. Según él, la costumbre impondría las palabras y, gracias a su popularidad, también una versión del "como somos".

Para 1883, cuando Martí ya había publicado los textos básicos de su nueva poética, Palma seguía con esos textos chistosos plagados de refranes, proverbios, coplillas, epigramas y diálogos al modo teatral, interviniendo activamente como autor "espontáneo" o contador popular, que toma un episodio histórico o explica el origen de una frase, comenzando siempre por la ambientación, luego por una disgregación histórica para llegar, finalmente, a lo más importante: la moralización.

Palma creía que había que reeducar al pueblo con su propia historia. Entonces, aunque en definitiva —a pesar de sus críticas— ubique lo raigal más que nada en la Colonia, se dedica en gran medida a representar al Otro, es decir, al que no es clase alta, sea en términos económicos, militares o de la Iglesia misma. En "El mejor amigo... un perro" (1883),[28] ese Otro es un pícaro y un

---

"[Al lector] Estás frente a un retrato de tu país. Seas o no arquetipo catalogado, eres lector que se mueve entre arquetipos y, por tanto, existes doblemente: verifica (reflexivo) los alcances morales de la conducta ajena y diviértete (frívolo) con los excesos del pintoresquismo, la vulgaridad o la pretensión (...)".

[28] Ricardo Palma, en *Cien tradiciones peruanas*, ed. J. M. Oviedo (Caracas: Biblioteca Ayacucho, 1977), pp. 248-252. La paginación correspondiente a las citas será señalada dentro del texto.

extranjero que termina suicidándose; la anécdota permite incorporar arcaísmos y términos populares sobre los que hace énfasis —"mixtureras", "pedir sencilla", "agua rica", "la laya", "papel manteca" (p. 249)— que son rescatados del olvido por el cronista. El recurso es similar en "Fray Juan Sin Miedo" (pp. 271-273), donde —con el pretexto del las desventuras de un fraile pícaro— el recopilador opina sobre la historia que cuenta con coplas y apodos incluidos, dándole siempre poco espacio al dato histórico y mucho al medio de procedencia del chisme, más si se trata de la memoria de los viejos.

Aún en 1899 continúa con un estilo y objetivo similares, aunque ya su papel de "contador popular" le permitía desprender al texto de la historia y dedicarse a la leyenda: en "Los siete pelos del diablo" (pp. 358-361), parodia el lenguaje militar, rescata arcaísmos, cita coplas a modo de sabiduría popular y marcas de cigarrillo, para terminar con la burla: "Tal es la historia tradicional de los siete pelos que forman el bigote del diablo, historia que he leído en un palimpsesto contemporáneo del estornudo y las cosquillas" (p. 361).

Para entender lo que significaba la representación del Otro, vale el ejemplo de Domingo F. Sarmiento, para quien —según las observaciones de Julio Ramos— escribir era modernizar: mediar entre civilización y barbarie.[29]

Para modernizar era imprescindible la mutua representación de aquellos dos mundos cuya fricción había interrumpido la vida racionalizada. Por un lado, se intentaba imponer ideas "que están muy lejos de halagar ninguna de aquellas afecciones del ánimo *institutivas* y naturales en el hombre";[30] por otro, era necesario transcribir la palabra oral del Otro, excluido del saber letrado. Sin embargo, el transcriptor nunca es neutro y la palabra del Otro aparecía transformada desde la extrañeza y la distancia: sometida.

---

[29] Ramos, "Contradicciones de la modernización..." pp. 3-57.
[30] Sarmiento, *Viajes por Europa, África y América* [1849], en Alberto Palcos, ed., *Viajes* (Buenos Aires: Hachette, s. f.), p. 11.

Escrita, la palabra entra en el juego de la racionalización social: en ella se reconoce la condición de posibilidad y la anticipación de otro orden.[31]

Los costumbristas cubanos y mexicanos

EL CUADRO VIVO ES EFECTO DE UNA PRÁCTICA ORDENADORA QUE RES-
ponde al proyecto de someter la heterogeneidad de la barbarie al orden del discurso; en él, se subordina al Otro al discurso de la civilización, a los espacios disciplinados de la ley.

Es lo que ocurre con los textos de Ricardo Palma. Y también con los de costumbristas cubanos de la década de 1880, como José Quintín Suzarte ("Los goajiros"), José E. Triay ("El calesero"), Francisco Valerio ("¡Zacatecas!") o Francisco de Paula Gelabert ("La mulata de rumbo").[32] En "Los goajiros", la descripción se hace *d'apré nature,* como si fuera una lámina con sonido; el tema es la costumbre que desaparece (el campo) frente a un presente de "ferrocarril, el telégrafo, el teléfono y las demás gollerías de la civilización" (p. 415), que es democrático y que por esa condición elimina a las clases, degradándolas al quitarles su encanto natural: los pobres *imitan* y pierden así su belleza; hay nostalgia por el pasado y deseo por preservar lo propio (algunas palabras, colores, costumbres). Lo interesante es que para Quintín Suzarte el hombre natural americano, el criollo, está lleno de cualidades que deben ser civilizadas: no se trata de imitar apariencias, sino de convertir en familia distinguida —a través del trabajo y la educación— al "goajiro" que vive en un caos moral.

"El calesero" también está elaborado con un tono aún más determinista, con muchos adjetivos de cualidad y un vocabulario subrayado para llamar la atención sobre sí. Como en "Los goaji-

---

[31] Cfr. N. Poulantzas, *Estado, poder y socialismo,* pp. 59-108.
[32] *Costumbristas cubanos del siglo XIX,* selección de Salvador Bueno (Caracas: Biblioteca Ayacucho, 1985). Quintín Suzarte emplea la palabra "goajiro" por guajiro.

ros", la anécdota prácticamente no existe, se exponen datos históricos, el narrador es testigo y autoridad —conocedor de lo popular y lo culto, a la vez—, el lenguaje es funcional y se organiza en torno a una idealizada clase alta, un mundo que se desdibuja —el de las clases bajas— y las virtudes de la educación y el progreso.

En "¡Zacatecas!" la variante es el exacerbado sentido del humor, la alternación de lectores a los que va apelando el narrador —su propia clase social, los zacatecas, los dueños de funerarias y hasta las naciones extranjeras—, la parodia de la modernidad traducida en nombres de productos comerciales y un rechazo mucho mayor por ciertas costumbres que ve como rémoras del pasado, junto a la acendrada convicción en las ventajas del "grandioso obelisco del progreso" (p. 433). El caso de "La mulata de rumbo", de Francisco de Paula Gelabert, parte de la misma necesidad racionalizadora aunque más cerca del naturalismo: el Otro —"los seres incultos, inferiores" (p. 435)— ya no es tanto alguien por civilizar, sino un miserable determinado por el medio social.

Otras variantes: los cronistas mexicanos de la época. En el caso de Guillermo Prieto en "La invasión yankee" (1875) y "El grito" (1869) también el tema es la representación de los Otros, ahora desde dentro de ellos. Estas crónicas son ficciones históricas, recreadas por medio de una descripción realista y un narrador que es personaje y testigo; se privilegia la narración y la denuncia contra el imperialismo. También hay énfasis en el uso de los criollismos y un pasado que se mezcla con el pueblo: aquí la amenaza es el progreso extranjerizante. El sistema de representación se emparenta con las otras crónicas, aunque su lenguaje es más narrativo: en definitiva, la alteración no está en el sistema sino en la ideología.

No es el caso de Ignacio Manuel Altamirano en "Una visita a la Candelaria de los Patos" (1869): allí el cronista-testigo parte de una complicidad con su lector como un igual en cuanto a cultura y clase social; el Otro es definitivamente miserable en este texto, es el olvidado del progreso y debe ser ayudado por él, el progreso debe incorporarlo y ése es el objetivo de la crónica: rozar por encima el cinturón de miseria que rodea al centro dorado de México, sin penetrar demasiado, para denunciar y sugerir el aseo de una zona que es "el foco de las fiebres que azotan de vez en cuando los barrios elegantes de la ciudad".[33]

Otro cronista mexicano contemporáneo, como Ángel de Campo, muestra un cambio total en el orden de la escritura: en "El fusilamiento" (1894) se describe con tal placer impresionista la muerte de un hombre, que toda acción parece detenida y el efecto es tan cromático que pierde capacidad expresiva, puesto que más que decir o comunicar su objetivo es pintar minuciosamente; el tema es sólo un pretexto. Allí aparece la milicia, el pueblo testigo u oleaje bárbaro, las nuevas instituciones urbanas representadas por la presencia fugaz de un fraile, un militar y un *reporter* dentro de un coche, la oposición entre el tren y la mujer del fusilado: una "mujer [que] galopaba desesperada, llevando en la espalda un niño que reía tirándola de las trenzas [...]. La máquina silbó en la curva una vez más, y su penacho de humo, después de flotar lento en el aire, se abatió en el llano bajo el sol espléndido de un día alegre, azul, primaveral".[34]

José Martí y la prensa en América Latina

COMO DIJO MONSIVÁIS: ESCRIBIR EN LA ÉPOCA PREVIA Y HASTA CONTEMporánea a Martí también era poblar, civilizar. Esa tradición de la escritura estaba mucho más acorde con los proyectos de la burguesía que la de los modernistas: a pesar de que los cronistas citados no coincidían con el gusto importador burgués, sus textos se ubican dentro del marco institucional. Creyentes en el orden y el progreso, racionalizan de un modo convincente ofreciéndole al Otro ese proyecto de progreso. El mismo prócer Eugenio María

---

[33] Carlos Monsiváis, ed., *A ustedes les consta*, p. 108. Las crónicas mexicanas aparecen en esta antología.

[34] *Ibid.*, pp. 126-127.

de Hostos, para quien la literatura no tenía otra función que la de educar y moralizar, mantiene la dicotomía civilización/barbarie. En un texto como el "Retrato de Francisco V. Aguilera", de retórica prácticamente iluminista, la pedagogía ocupa el campo discursivo en defensa de la razón, las leyes, la familia, la amistad entre los hombres y la lucha por la patria; el personaje retratado representa lo mejor del pueblo.[35]

La jerarquización de lo temporal por encima de los regionalismos no significa —en absoluto— que José Martí no defendiera la necesidad de producir en cada país una literatura propia. Su tesis: la creación auténtica no consistía en dibujar tipos humanos, exotismos paisajistas o legados y ordenanzas, como lo hizo buena parte de los escritores hispanoamericanos del siglo XIX; tampoco debía confirmar o postular sistemas filosóficos, políticos o religiosos de ningún tipo, ni atrapar la realidad en términos eurocentristas como la oposición civilización y barbarie.

A veces Martí incurrió en sus crónicas, sin embargo, en el dibujo de tipos humanos de acuerdo con su nacionalidad: éste es el caso, por ejemplo, de "Un funeral chino", las masas retratadas en "El puente de Brooklyn", o la serie sobre las huelgas anarquistas protagonizadas en 1886 por los Caballeros del Trabajo, donde los inmigrantes alemanes no son tratados con ninguna simpatía. Prejuiciosas o no, las caracterizaciones derivadas de la nacionalidad —incluso en el caso de los hispanoamericanos— no son el objetivo de los textos; en general están dadas como al pasar, como una pincelada más dentro de un cuadro impresionista.

Si Martí se preocupó por delimitar un "tipo" humano, fue aquel que pudiera erigirse en héroe con acuerdo a los tiempos modernos; para ello sobrepasó los límites geográficos y trató de aprender en oradores, escritores, políticos, filósofos y militares el aliento íntimo que en plena industrialización aún los elevaba a buscar lo sublime. Estos "tipos" no existen por su indumentaria o hábitos,

---

[35] En *América: la lucha por la libertad*, ed. M. Maldonado Denis (México: Siglo XXI, 1980), pp. 65-80.

como en el costumbrismo, ni son metáfora de un pueblo, sino por su pasión por lo grande, por la libertad o la naturaleza, por su posibilidad de trascender la medianía. Estos "tipos" se elaboran a partir de un personaje real, y su biografía concreta no importa demasiado. Lo que importa es construir una ejemplaridad:

> ¿Qué me importa saber lo que el hombre hizo en este determinado momento de su vida, en esta o aquella época concreta, accidental y transitoria? —Su esencia permanente es lo que quiero investigar, no efectos que pasan, sino la causa que los produce busco. No me importan las estaciones del camino humano, que se levantan y destruyen a las conveniencias de los vivientes, sino el vapor— acomodable, pero libre, que echa a andar el tren por ellas [XXI, 186].

Por eso en sus crónicas, la gravitación del dato referencial concreto no es esencial.

Su sistema de representación difiere mucho no sólo del sistema de los otros cronistas, sino incluso de los textos periodísticos que se publicaban a la par de los suyos. Si se revisa *La Opinión Nacional* de 1880, por ejemplo, se encuentra que éste seguía siendo el periódico de los notables: el medio para que una clase dirigente y liberal hiciera propaganda de sus ideas. Aún no se había "profesionalizado" como diario en el sentido comercial que adquiriría tal connotación después: vender información. Si bien es cierto que en *La Opinión Nacional* los cables producían noticias, muchas de ellas seguían siendo editoriales. Por ejemplo, en "Exterior-México en la actualidad" —texto reproducido de *El Hispanoamericano* el 16 de enero de 1880— a través de periodos cortos, pocos adjetivos y un acento puesto en la referencialidad, se observan obsesiones comunes a Martí: la crisis de la vida contemporánea, el imperialismo norteamericano, la necesidad de crear a un hombre diferente y sacrificado; también invoca la imagen de Cristo, hasta el punto de llamar a Bolívar "el Jesucristo de la redención del Sur" para invocar la unidad continental. Se habla de América como el "Paraíso que espera el nuevo Adán" que, en principio, parece ser la educación, pero que termina siendo el progreso, la civilización, el comercio, encarnados en Porfirio Díaz. Al revés de la estrategia textual de Martí, donde el referente es apenas un pretexto, aquí las alusiones al hombre moderno son el vehículo para llegar a la condena de los opositores de Díaz.

Otros textos de *La Opinión Nacional* de Caracas —como las reflexiones en torno a los Estados Unidos publicadas en la primera plana el 9 y 10 de marzo de 1880—, no presentan mayores variantes: su eje es el progreso, la educación —en términos de la cultura europea y norteamericana—, la razón, la industria y el comercio, la preocupación contra el imperialismo que comienza a demostrar el vecino del Norte. El lenguaje es funcional, se apoya en citas de autoridades como Hugo o Gautier y tiene el mismo objetivo: sumarle al pueblo la educación y el trabajo para acompañar la modernización.

Las notas de primera plana publicadas hasta 1882 —como "Los partidos políticos" (25 de agosto de 1881) o "La libertad de prensa" (25 de febrero del mismo año)— aparecen sin firma y con tono editorial, aunque con aspecto gráfico de noticia. Los parámetros se mantienen: la civilización equivale al bienestar, hay que aprender a armonizar las relaciones sociales como si se tratara de los asociados de una compañía mercantil, la naturaleza hizo al hombre libre; para mantener esa libertad, el Estado debe encarrilar a las masas sin control a través de leyes que son arma y camino de la razón, la moral y el ánimo positivista y redentor.

Ante este panorama de escritura racionalizadora en el sentido más tradicional, cuya insistencia en educar para el progreso parece una imposición y una lucha contra la realidad, José Martí responde editando en Caracas la *Revista Venezolana*. En pleno fragor positivista, el 1º de julio de 1881, Martí tiene la ocurrencia de hacer esa publicación para celebrar al país donde se halla, cantando a sus héroes y a su naturaleza con un lenguaje original; definiendo lo propio no en términos de civilización, sino como memoria de lo viejo, lo patrio como arte, libro, hombre, paisaje y color. Allí se declara ajeno a las pasiones domésticas de la política y afecto a las cosas grandes, a lo superlativo, a la poesía del nuevo mundo "cuyos cauces y manantiales genuinos, más propios y más hondos que los de poesía alguna sabida, no se esconden por cierto en esos libros pálidos entecos *que nos vienen de tierras fatigadas*" (en la editorial). Él también está con el Areópago bolivariano, aunque su ánimo sea encontrar la libertad y las divinidades nuevas en la naturaleza y en la historia propia. Su proyecto implícito es tan radicalmente opuesto al del poder institucional, que la *Revista Venezolana* apenas llega a su segundo número, porque en él Martí alaba al escritor Cecilio Acosta, enemigo del dictador Guzmán Blanco. La nota basta como excusa para su expulsión de Venezuela; el incidente lo iniciará en su larga carrera de corresponsal.

Hortensio era el otro gran corresponsal de *La Opinión Nacional* con derecho a firmar las notas. Su "Revista de política europea" reúne la información y la opinión de un liberal que acumula datos sin narrar, a modo de noticia. Su "Revista" se parece gráficamente a las escenas norteamericanas de Martí: tienen la forma de correspondencia dirigida al director, van firmadas y fechadas, están precedidas por un sumario; no obstante éste es una sucesión telegráfica de noticias, un resumen verdadero y no como ocurre en la mayoría de las crónicas de Martí, donde el sumario parece construido con intertítulos. Valga la siguiente comparación entre un texto de Hortensio, del 28 de febrero de 1880:

> Sumario. España - Asuntos de Cuba - Ley de abolición - Las reformas económicas en dicha isla - Vuelta de los diputados retraídos al Congreso - Situación financiera de España y Cuba - El regicida Otero declarado imbécil por los médicos - Bolivia y España - La Emperatriz Eugenia - Situación política de Francia - Muerte de Jules Favre.

y uno de José Martí para el mismo periódico, el 19 de mayo de 1882:

> EMERSON. Muerte de Emerson.- El gran filósofo americano ha muerto.- Emerson filósofo y poeta.- Su vida pura.- Su aspecto.- Su mente,

su ternura y su cólera.- Su casa en Concord.- Éxtasis. Suma de méritos.- Su método.- Su filosofía.- Su libro extraordinario: "Naturaleza".- ¿Qué es la vida?- ¿Qué són las ciencias?- ¿Qué enseña la nauraleza?- ¿Filosofía de lo sobrehumano y de lo humano? - La virtud, objeto final del Universo.- Su modo de escribir.- Sus maravillosos versos.

Este sumario de Martí sigue más el estilo de los que solían encabezar los capítulos de novelas del siglo XIX: es un enunciado de las partes que componen el capítulo más que un verdadero resumen informativo. En verdad, si bien cumple con el requisito básico de dar la noticia de la muerte de Emerson, la repite a continuación, sugiriendo que el sumario no fue construido como un subtexto con valor de uso autónomo —como el de Hortensio y como los del periodismo—, sino en absoluta dependencia del texto: parece más bien un pequeño índice del contenido.

La comparación con el diario *La Nación* de Buenos Aires no arroja resultados muy distintos. A pesar de su profesión de fe de haberse comercializado como medio informativo, en verdad siguió por mucho tiempo siendo el lugar donde los notables emitían sus opiniones. Aunque allí priva el problema de la inmigración y cómo poblar los desiertos, el eje es el mismo: desde un "nosotros" se habla del progreso, del equilibrio social como bienestar y del *fair play*, la necesidad de controlar el caos con las leyes de la conciencia y la razón. Y otra vez: arraigar en la masa de nuestras poblaciones los hábitos del orden y la libertad (como en "Estática política", 5 de enero de 1881).

Junto a este tipo de textos, mezcla de noticia y editorial, se publicaban los cables noticiosos internacionales, las crónicas, cuentos, novelas por entregas y cartas personales. Una de ellas llama la atención por dos razones: por la fecha tardía de su publicación (18 de octubre de 1885), cuando se supone que el periodismo ya se había modernizado y, por ende, despersonalizado; y por su autor, Domingo Faustino Sarmiento. Allí el autor se coloca como un yo protagonista, que va emergiendo en su propia grandeza colosal a medida que degrada a su oponente, un ex discípulo a quien contesta con esta carta; su estrategia está en la sátira: dice cada vez lo opuesto a lo que en verdad quiere decir —con la complicidad del lector—, recurre a extranjerismos (*speech, homo, si jeunesse savait, flirteo, dollars, passe partout gentleman*), citas de autoridades europeas aunque especialmente de sí mismo, coloquialismos, opiniones, estadísticas; narra, hace historia, cita diversas cartas que ha recibido, describe siempre a los personajes partiendo de su aspecto para indicar el carácter o la condición, insiste en educar y civilizar, ataca al clero y la barbarie, en una amalgama de estilos que salta de la correspondencia a la oratoria, de allí al ensayo y vuelve a la carta o a la narración de alguna anécdota.

Sarmiento no llegó a ser propiamente cronista en la época de Martí, aunque ocupaba gran espacio en la primera plana de *La Nación*. Quien sí ocupó ese lugar como corresponsal en el exterior, junto al cubano, fue el español Emilio Castelar, también periodista y escritor.

Castelar *parecía* compartir la poética modernista y tal resulta la conclusión si se da una rápida mirada a un texto como "La leyenda de la ciencia", publicado en *La Nación* el 30 de enero de 1885: abundante en imágenes y comparaciones —como "la poesía se parece á los fuegos fátuos en que solo corre por los cementerios y sólo se corona con los sauces y los cipreses del sepulcro"—, arma analogías con la naturaleza, ataca el arte realista y a los materialistas, para defender el contacto entre alma y cuerpo y la trascendencia hasta la cima de los cielos, trabaja con oposiciones y la inmediatez, hace obvia la musa/museo, la mitología cristiana y pagana, el exotismo, los grandes hombres norteamericanos, une la ciencia con la poesía de la naturaleza: "cuando los astros bajaban á los telescopios, como las aves á su nido".

"La leyenda de la ciencia" es un caleidoscopio que no representa absolutamente nada, es pura forma sin contenido, es una combinación de palabras al modo de las nuevas modas literarias; cuanto más se infla allí el lenguaje, más vacío de creación parece. Son más de 30 000 palabras para expresar algo así como la unidad de la ciencia con la poesía. Marcelino Menéndez Pelayo satirizó al escritor Emilio Castelar, "gran cazador de metáforas, inagotable en la enumeración, siervo de la imagen, que acaba por ahogar entre sus anillos a la idea, orador que hubiera escandalizado al austerísimo Demóstenes".[36]

A juzgar por la extensión que recibían las notas de Castelar en *La Nación*, este tipo de retórica tuvo éxito —desgraciadamente para la historia literaria y de la crónica—, y sus arborescencias convivieron con la innovación que representaba la prosa martiana. Como este corresponsal español hubo luego más de un poeta, especialmente entre los admiradores de Rubén Darío, que seguirían confundiendo al público lector —y a sí mismos— con un caleidoscopio textual de vocablos lujosos e imágenes exóticas: eso desvirtuó el valor de la poética modernista por un tiempo considerable, aunque no detuvo la fuerza de sus propuestas renovadoras.

La escritura como violencia

JOSÉ MARTÍ BUSCÓ TAMBIÉN LA UNIDAD ENTRE CIENCIA Y ESPÍRITU, PERO como creador verdadero que no racionalizaba un sistema de representación, sino que se dejaba llevar por él con sinceridad. Terminó siendo pasto de contradicciones, de hallazgos geniales, de expresiones casi corpóreas de una época y una sensibilidad, no de una serie de lugares comunes que lucen convenientes como los de Castelar.[37]

El dilema está planteado: el espíritu frente a la materia. El puente de Brooklyn será una de las imágenes de la nueva civili-

---

[36] Menéndez Pelayo, *Historia de los heterodoxos españoles* (Buenos Aires: Espasa Calpe Argentina, 1951), p. 370.

[37] Crear en literatura es violencia y soledad. Escribió Roland Barthes en *El grado cero de la escritura* (Buenos Aires: Siglo XXI, 1973): "... toda escritura es un ejercicio de domesticación o de repulsión frente a esa Forma-Objeto que el escritor encuentra fatalmente en su camino, que necesita mirar, afrontar, asumir, y que nunca puede destruir sin destruirse a sí mismo como escritor" (p. 14).

zación donde tratará de conciliarlas una y otra vez; Martí quiere que el primero venza a la segunda y escribe: "Como crece un poema en la mente del bardo ingenioso, así creció este puente en la mente de Roebling" (XIII, 256). En el fondo sabe que tal sometimiento no ocurre de ese modo: "Ahoga el ruido de los carros las voces de la lira. Se espera la lira nueva, que hará cuerdas con los ejes de los carros" (IX, 358).

La brecha entre las dos dimensiones de la realidad se ha hecho patente para el hombre finisecular. La escritura revela ese ir y venir entre el afuera y el adentro, ese enfrentamiento que quiere armonizar y que para ello violenta. En "Emerson" (1882) la primera palabra es "tiembla": se refiere a la pluma del escritor, *indigno* sacerdote, porque no es capaz de representar al espíritu que "alas quiere que lo encumbren, no pluma que lo taje y moldee como cincel" (XIII, 17). El primer párrafo se divide entre esos antagonismos: lo indigno, la profanación, el pecado, los moldes, el comercio de la ciudad, el tumulto, el ruido, el bullicio; por otro lado están las alas, el templo del universo, la claridad pura, la paz, la estrella. En el medio se encuentra el dolor de la escritura que quiere conciliar y termina, siempre en los textos de Martí, por batallar: no en vano —y no es sólo una metáfora de la idea de la vida cotidiana— sus crónicas están pobladas de imágenes de guerra y de soldados, de violencia colosal y desesperada de ternura.

Y violencia ejerce incluso contra la naturaleza, cuando transforma a la ciudad comercial en un campo de batalla con "guerreros de piedra [que] llevan coraza y casco de oro y lanzas rojas" (p. 17), violencia cuando une por la fuerza de su representación lo que está arriba y lo que está abajo: "Se siente como perder de pies y nacer de alas. Se vive como a la luz de una estrella, y como sentado en llano de flores blancas. Una lumbre pálida y fresca llena la silenciosa inmensa atmósfera", donde se es a la vez hombre y ángel, donde se comparte el espacio del cielo y del llano, invirtiendo la realidad porque da la impresión de que la lumbre pálida de la atmósfera no emanara de las estrellas sino de las flores blancas.

En "El puente de Brooklyn" (1883) la primera palabra es "palpita": con ese vocablo que remite al corazón, al centro mismo de la vida humana, intentará describir la construcción (la fábrica, la razón) de un puente de piedras y alambres. La descripción incorpora varias dimensiones: la del preciso lenguaje tecnológico del cemento hidráulico y la de la cultura; allí se habla de pirámide egipcia, de torres pelágicas, de guión de hierro del Nuevo Evangelio, de Tebas y Acrópolis, de Venus, cíclope, la Biblia, del Nilo, de Troya, del pasado épico de almenadas fortalezas. También se incorpora la analogía con la naturaleza de modo tal que el puente es un animal feroz: sierpe, mamut, boa, serpiente, pulpo, cuerpo monstruoso, zapador del universo, araña.

Martí busca desesperadamente conciliar la tecnología con el ser y llega a contemplar el puente con franca religiosidad, como si fuera un arco, una cumbre, una iglesia que unirá a los hombres:

> Parecen los dos arcos poderosos, abiertos en la parte alta de la torre, como las puertas de un mundo grandioso, que alegra el espíritu; se sienten, en presencia de aquel gigantesco sustentáculo, sumisiones de agradecimiento, consejos de majestad, y como si en el interior de nuestra mente, religiosamente conmovida, se levantasen cumbres [XIII, 425].

Para ver el dolor de los antagonismos irresueltos basta observar tan sólo la sucesión de verbos de los cuatro primeros párrafos, desde que introduce el tema del "puente colgante de 3.455 pies, Brooklyn y New York" (p. 423) hasta que lo declara, exaltado: "¡Oh, broche digno de estas dos ciudades maravilladoras! ¡Oh, guión de hierro —de estas dos palabras del Nuevo Evangelio!" (p. 424). La sucesión habla por sí sola: palpitar, caer, sentir, afluir, llevar el paso, levantarse, alcanzar, limpiar, alzar, sustentar, abrir, parecer, precipitar, ver, hormiguear, imaginar, entrar, ser, alborear, parecer, levantar, tomar, traer, destacar, morder, resguardar, amparar, desquiciar, apiñar, quemar, estrujar, revolcar, tallar, mantener, parecer, roer, arrancar, caer, salir, entrar, colgar, cruzar, encumbrar, juntar, bajar, descender, remontar, reentrar, sajar, sujetar, sepultar, morir, salvar. De esta lista de 53 verbos, que dan cuenta de una actividad incesante, apenas limpiar, alborear, encumbrar, juntar, remontar y salvar pueden sugerir algo de paz, contra la fuerza casi adjetival de verbos como precipitar, hormiguear, morder, desquiciar, apiñar, quemar, estrujar, revolcar, roer, arrancar, sajar, sepultar, morir.

Alguna violencia está cometiendo este puente que parece unificador, porque se habla de un diente de mamut que hubiera podido de una hozada desquiciar un monte y de tajos en el corazón de un monte; se habla del puente como de una lengua de hormiguero monstruoso —la multitud ha sido descrita como una hormiga—, se habla de tonantes rugidos y mortíferas rebeldías del agua vencida, se habla de torres gigantes que apenas se mueven señorialmente frente al amontonamiento de "millares de mujeres que sollozan, niños que gritan, policías que vocean, forcejeando por abrirse paso" (p. 432).

Martí quiere unir e insiste en definir el puente "como brazo ponderoso de la mente humana" (p. 432); a través de él une también pasado y presente, además de ciudades:

> —Ya no se abren fosos hondos en torno de almenadas fortalezas; sino se abrazan con brazos de acero, las ciudades; ya no guardan casillas de soldados las poblaciones, sino casillas de empleados sin lanza ni fusil, que cobran el centavo de la paz, al trabajo que pasa—; los puentes son las fortalezas del mundo moderno. —Mejor que abrir pechos es juntar ciudades. ¡Éstos son llamados ahora a ser todos los hombres: soldados del puente! [p. 432].

MARTÍ PELEA POR CONSTRUIR UNA NUEVA ÉPICA CON EL HOMBRE MODERno como protagonista, por conciliar los opuestos. El mismo ánimo estaba en sus contemporáneos norteamericanos: cómo unir la tecnología con las necesidades del espíritu. Por ejemplo, John A. Roebling, ingeniero del puente de Brooklyn, preocupado por ser el primero en usar el material "innoble" del acero, quiso *humanizar* su construcción: "De piedra y acero está hecho el aparato, como bisagra de dos épocas; Roebling, como ya hemos dicho, era hegeliano; lo eterno en lo nuevo, diría Martí".[38]

Revisando las publicaciones periodísticas de Nueva York en torno a la inauguración del puente, se encuentran en un intertítulo relegado a la segunda página del *New York Daily Tribune*, "The Brooklyn Bridge as a Text" (21 de mayo de 1883), términos que recuerdan por momentos a los de Martí: se invoca al dios romano Terminus, el que unía, para afirmar que las torres del puente son como templos de Dios, como altares. Allí se afirma que el puente es la mayor tarea civil jamás emprendida porque ha roto la insularidad: "The art of man has joined together what God had put asunder, and there is no more sea".

Ahora bien, el hecho de que el *New York Daily Tribune* haya publicado tales reflexiones y más bajo un subtítulo como "The Brooklyn Bridge as a Text", no significa exactamente que la prensa norteamericana coincidiera con el forcejeo martiano por hablar de encajes para describir la gigantesca mole. Porque ese diario lo que hacía era reproducir, en un lugar secundario, el sermón del reverendo John W. Chadwick en la Second Unitarian Church de Brooklyn. Aunque no deja de ser significativo que les hayan dado un espacio a esas palabras, se les da valor porque son las de un sacerdote; el periódico mismo hará su labor informativa con una estructura completa y coherente: comienza contando la historia mítica de los puentes en general, luego cuenta por qué la necesidad de unir a Brooklyn y Nueva York, los celos entre ambas ciudades, los antecedentes de los ingenieros Roebling y la muerte de uno de ellos (el padre), la compañía constructora, los problemas de ingeniería, los detalles de la fabricación, los rumores de fraude, la capacidad de transporte, los opositores, los preparativos para la inauguración. Y las palabras del sacerdote.

The Sun, por su parte, dedica toda la primera plana del 25 de mayo de 1883 a la inauguración del puente. Su verdadera preo-

---

[38] Ramos, p. 263. Véase A. Trachtenberg, *Brooklyn Bridge: Fact and Symbol* (Chicago: The University of Chicago Press, 1977).

cupación en verdad fue la de contar quién es quién, es decir, quién asistió, cómo se portaron las autoridades y/o celebridades, cómo se organizaron los actos de celebración. Su "humanización" del puente no es exactamente tal, sino que en una cita de las palabras en la inauguración se compara el logro de la inteligencia organizada en la suspensión del puente con la política:

> Now, if our political system were guided by organized intelligence, it would not seek to repress the free play fears, but would make provision for their development and exercise, in accordance with the higher law of liberty and morality. Instead of attempting to restrict suffrage, let us try to educate the voters, instead of disbanding parties, let each citizen within the party always vote, but never for a man who is unfit to hold office. Thus parties as well as voters, will be organized on the basis of intelligence.

La inteligencia vence, domina, equilibra. Los oradores del acto de inauguración coinciden en esa opinión y en asegurar que el puente es "a durable monument to democracy itself": sus beneficios son para todos y su verdadero constructor ha sido el pueblo. Con este tranquilizador marco, el redactor de *The Sun* se permite el placer de unas líneas que describen los colores de los fuegos artificiales sobre la noche de las dos ciudades, unidas gracias a la inteligencia humana. Contrasta, así, elegiaco, las sombras negras como tinta de los edificios de Nueva York con el atardecer dorado de Brooklyn; y separa la plata, el oro, el rosa, el azul profundo como el mar de uno y otro lados, de pronto unidos en la noche de la celebración por los fuegos en el cielo, por las series de luces eléctricas, por el concierto de ventanas iluminadas y hasta de lámparas rojas y verdes en los puertos que se terminan reflejando en la espuma blanca del agua, como plata liviana.

José Martí desea ese discurso tranquilizador. Terminando apenas el segundo párrafo de "El puente de Brooklyn", escribe:

> —imagínase ver sentada en mitad del cielo, con la cabeza radiante entrándose por su cumbre, y con las manos blancas, grandes como

águilas, abiertas, en signo de paz sobre la tierra, —a la Libertad, que en esta ciudad ha dado tal hija. La Libertad es la madre del mundo nuevo, —que alborea. Y parece como que un sol se levanta por sobre estas dos torres [p. 423].

Leer este párrafo hoy puede parecer tan tranquilizador como las descripciones norteamericanas que comparan el puente con el progreso y con la democracia: a fin de cuentas, no luce incongruente que él aluda a la Estatua de la Libertad. Basta verificar algunas fechas para que la imagen de Martí comience a producir hoy una cierta incomodidad: "El puente de Brooklyn" fue publicado en 1883 y la mencionada estatua no sólo no tiene las manos abiertas, como se sabe, sino que llegó a Nueva York en 1887. Se podrá aducir que comparar esa ciudad con la libertad estaba en el ánimo de los tiempos y que por eso mismo los franceses donaron tal estatua a la ciudad; no obstante, la "visión" es apenas la primera de una serie bastante surreal o suprarreal que poco a poco invade el texto.

Por un lado, Martí toma el discurso de la tecnología: la cuantificación. La cantidad de números, pesos, detalles y medidas que da en "El puente de Brooklyn" es notable y concienzuda, pero algo ha ocurrido en el interior de ese lenguaje referencial. Dice J. Starobinski sobre el lenguaje de la cuantificación:

> La géométrie est le langage de la raison dans l'univers des signes. Elle reprend toutes les formes en leur commencement —à leur *principe*— au niveaux d'un système de points, de lignes, et de proportions constants. Tout surcroît, tout irrégularité apparaît des lors comme l'intrusion du mal...[39]

La "intrusión del mal", vista así, es constante en los textos martianos. Porque si el sentido de la cuantificación es que reduce

---

[39] J. Starobinski, "1789 et le langage des principes", *Preuves*, núm. 203 (enero de 1968), p. 22.

y homogeneiza, Martí se expresa a través de la imagen única creada por cada quien, a través de la excepción, de la desviación de toda norma, de lo heterogéneo, de lo subjetivo. Hay entonces un choque entre discursos que no puede sino ser violento y terminar, al menos, en alucinaciones expresionistas. Es obvio que el lenguaje convencional no podía servir a esta sensibilidad, puesto que no hay nada tranquilizador en esos mágicos cables o cañas ligeras de un puente invasor y monstruoso. La admiración por los logros de la tecnología, la conciencia de los beneficios de la comunicación y el trabajo no logran la simetría, la armonía requerida. Las alucinaciones suelen ser precedidas por un "parece": así habla de soldados no nacidos, de cuadros de granito, del puente como un hombre que concentra las vidas, así cambia de punto de vista: habla desde la muchedumbre —"la turba que nos venía empujando"—, luego como si él observara desde el cielo hacia abajo —"a los pies queda el puente"—, luego desde el frente y desde los mitos de la cultura, Tebas, Acrópolis, la Biblia —pasado y presente—, para seguir con sus descripciones extrañas del puente mismo "ojos en vez de astas".

The Sun, cuando intenta el 25 de mayo de 1883 una descripción del puente como visto desde arriba, da la explicación racional y condicionada de lo que vería un *reporter* si subiera a un *balloon*:

> From a balloon, if a reporter could have inhabited the tiny one that was floating in the sky over the structure, the general picture would have shown, not only the graceful outlines of the massive span with its live roadways, but the river beneath, with trails of foam following the turtle-like ferryboats, and the beetle-like tugboats, and the rippling wake of the musquito-like small craft that moved beneath. The East River seemed to be for the time an aqueous Broadway. The President ran his eye around the horizon with the air of one appreciating the happy combination of the works of God and man. He filled his insides from the refreshing breeze [...] calculating the fishing advantages afforded the $ 15.000.000 highway.

Nótese la coincidencia en la animalización de los botes con los vapores que en el texto de Martí parecen "mensajeros parlantes, y hormigas blancas que se tropiezan en el río, cruzan sus antenas, se comunican su mensaje y se separan" (p. 431). Las coincidencias se desbaratan sólo con la explicación previa del *balloon;* mucho peor es la brecha que se abre con el comentario cuantificador de *The Sun* sobre la satisfacción y los cálculos del presidente.

José Martí podía aceptar la jerarquización noticiosa que los diarios norteamericanos daban a los temas, pero no decía lo mismo sobre los mismos episodios. Escritor-mediador, cuenta *otra cosa:* Emerson, por ejemplo, no es para él el hombre que logró el aplauso social, sino el que supo seguir su obra a pesar de los mediocres y apartándose de la vida ruidosa y limitada del comercio; no le interesa tanto el aporte al pensamiento religioso que pudo hacer el filósofo, sino su acercamiento a lo raigal, a la naturaleza, su trabajo con la escritura; tampoco presta atención al motivo de la muerte ni a ningún tipo de cronología, porque para Martí hay un ir y venir del tiempo que se funden en un momento único, en la gran cadena del ser.

En cambio, cuando *The New York Times* dedica más de cinco columnas entre sus dos primeras páginas a representar los últimos momentos del personaje, su historia de vida, sus logros ascendentes y encuentros notables, influencias, frases célebres y comentario de todas sus obras, privilegia que para Emerson no había preocupación en el planeta ni inmersión mística que le hiciera olvidar sus deberes familiares. Y es este aspecto el que lo enaltece ante ese periódico: el pensador fue un ejemplo para enriquecer "in some sort our national life, for to live as high as we think is rarer that the rarest genius". Es llamativa la conclusión, porque *The New York Times* analiza a cabalidad la obra emersoniana e incluso entiende su importancia para la construcción del nuevo continente, reproduciendo un texto con el que casi coincidiría punto por punto el propio Martí, salvo por el entierro de la historia:

Our age is retrospective. It builds the sepulchres of the fathers. It writes biographies, histories, and criticism. The foregoing generations beheld God and nature face to face: we through their eyes. Why should not we also enjoy an original relation to the universe? Why should not we have a poetry and philosophy of insight, and not of tradition, and a religion by revelation to us, and not the history of theirs [...]. There are new lands, new men, new thoughts. Let us demand our own works and laws and worship [...][40]

Ahora bien, el sacerdote, el patriarca que ha sabido vivir porque ha sabido romper, que nunca "alquiló su mente, ni su lengua ni su conciencia" (p. 25) —el "Emerson" martiano— poco tiene que ver con el "Mr. Emerson" institucionalizado y reconocido que presenta este periódico de Nueva York. Y no se trata de un matiz de puntos de vista. El párrafo recién citado viene precedido y continuado en *The New York Times* por una apología a la sensatez de Emerson por no publicar trivialidades: "Had all writers followed his example how immeasurably libraries would have been reduced!", anota el diario con un sentido muy ahorrativo. Y agrega: "Emerson is a pattern to all mere book-makers present and to come. If he had done nothing else than to inculcate by example the economy of print he would deserve a separate niche in the temple of literary fame..."

Para Martí se trataba de un gigante que busca el secreto del universo y lo halla en los "bordes del águila de oro" (XIII, 27), andaba a saltos y no transigía en su escritura para que lo comprendieran los que no eran capaces de seguirle el ritmo. Y es justamente en esta semblanza donde Martí afirma lo no cuantificable, lo no utilizable para una realidad fabril: el arte es la naturaleza creada por el hombre, la naturaleza está al servicio del hombre, pero no para que éste transforme y se beneficie de sus recursos materiales, sino para que aprenda en ella el orden moral y perfeccione su juicio (p. 25).

---

[40] *The New York Times*, 28 de abril de 1882, pp. 1-2.

José Martí, cronista, intenta conciliar el lenguaje periodístico de la razón, de la geometría homogeneizadora, con su propio discurso: el de la búsqueda, inquisitivo. Para entender la mole de piedra y acero que se yergue frente a él y de paso justificar que la describa con médula y nervios, dice en "El puente de Brooklyn" que es ley "que anuncia lo uno en lo alto, y lo eterno en lo análogo, que todo organismo que invente el hombre, y avasalle o fecunde la tierra, esté dispuesto a semejanza del hombre" (IX, 428).

El problema es que, si bien se trata de un invento del hombre, el puente no es un organismo. Así, el extremo de la alucinación llega cuando Martí describe el modo en que fueron construidas las bases del puente, la *Caisson* o caja de planchas de pino, con "tornillos gruesos como árboles, y retorcidos y agigantados, como debe ver, en su cerebro encendido, sus ideas un loco" (p. 428).

La construcción de la *Caisson* admiró también a la prensa norteamericana de la época, pero para Martí es tal la violencia que infringe a la naturaleza, que inicia con ella un viaje hacia el infierno. Así, habla de luchas, de rugidos, de luces que no se pueden apagar, de un pozo de hierro donde, cual limbo, "los hombres pasan, graves y silenciosos a su entrada, fríos, ansiosos, blancos y lúgubres como fantasmas a su salida, *por una como antesala*, o cerrojo de aire, *con dos puertas, una al pozo alto, otra a la cueva, que nunca se abren a la par...*" (p. 429).

Allí se habla de un bravo ejército, de cóncavas mandíbulas, de fauces abiertas, de una draga que traga, de maxilares poderosos, de lodo, arena, trozos de roca, de ruido de cadenas, de extraña fábrica. Muchos obreros murieron, en efecto, trabajando en la *Caisson*, ese cajón "con entraña de hombres" (p. 430). Y aquí llega casi al paroxismo de la alucinación:

> Y los albañiles encajaron en aquella altura, como niños sus cantos de madera en torre de juguete de Crandall, piedras a cuyo choque ligerísimo, como alas de mariposa a choque humano, se despedazaban los cuerpos de los trabajadores, o se destapaba su cráneo. ¡Oh trabajadores desconocidos, oh mártires hermosos, entrañas de

la grandeza, cimiento de la fábrica eterna, *gusanos de la gloria!* [p. 430].

El símbolo ha sido llevado también a su extremo. Las palabras ya no simbolizan lo señalado por las tradiciones: si en "El puente de Brooklyn" las águilas no son más aves de rapiña —como no lo son tampoco en "Emerson"—, la cadena de significaciones hace crisis incluso dentro del lenguaje martiano. En todas su crónicas, "gusano" es un vocablo que suele ser empleado para referirse a los mediocres, a los mercaderes, a los que venden su alma, es decir, a lo que Martí considera más bajo de la creación; en este texto se ha producido la condensación y el estallido, la expresión misma de la crisis, del enfrentamiento entre un deseo de armonización y el discurso referencial y cuantificador de la razón: los gusanos *son* la gloria. Algo similar ocurre con "Whitman": allí el entozoario, un parásito que se alimenta de las entrañas, es santo (XIII, 134).

No es un simple efecto estetizante: Martí ha cuidado con tal conciencia sus vocablos que la comparación de la labor de los albañiles con la "torre de juguete de Crandall", suavizado en el contexto de un juego infantil, es tan escalofriante como los cráneos que se destapan o los cuerpos que se despedazan. Porque Prudence Crandall —de acuerdo con la *Enciclopedia Británica*— fue una maestra arrestada en 1833 en Connecticut por haber aceptado en su escuela a una alumna negra; quedó condenada al ostracismo durante cinco años.

Martí admira a Estados Unidos, pero no olvida. También les teme un tanto a las masas, al Otro: se trasluce en su modo de describir a las multitudes. No obstante, se combina en él un aliento whitmaniano donde el trascendentalismo deja paso al humanismo.

El Otro puede ser en sus textos Estados Unidos, colocado frente a un nosotros al que le cuenta una realidad diferente: como en "Coney Island", donde dice "Aquellas gentes comen cantidad; nosotros clase" (IX, p. 127); el Otro suele ser, como en "Emerson", los que no quieren ver con sus propios ojos, los seres rebaño, los que se pliegan, los que se dejan amoldar por sastres, zapateros, sombrereros, joyeros, los fraseadores pomposos y huecos sin dolores propios, los bellacos de goces comunes, los mediocres que aman el poder y el dinero; el Otro también es, a veces, como en la tradición literaria hispanoamericana, la masa trabajadora y pobre.

Anota Lionel Gossman que la historiografía romántica tenía su talón de Aquiles, su punto de desequilibrio: el temor de que, en definitiva, sus ordenados y continuos patrones de representación histórica fueran quebrantados por la discontinuidad de la vida misma. Había algo oculto, inmanejable, que podía hacer que la historia perdiera su sentido. Esa amenaza oculta también era enemiga, por lo tanto, de la representación racionalizada del presente: la amenaza es la barbarie de Sarmiento, es el Otro, el marginal, el no incluido.[41]

La noción del Otro como sumergido e irracional no es la misma para Martí. El orden de lo real ha hecho crisis; por algo ha escrito que "¡Es como sentirse el cráneo poblado de estrellas: bóveda interior, silenciosa y vasta, que ilumina en noche solemne la noche tranquila! Magnífico mundo" (XIII, 20), sin hacer ya más distinción entre el magnífico mundo de afuera y el de su interior. Para él la libertad es no estar dentro de las instituciones ordenadoras. Lo dice en "Emerson": "Jamás se vio hombre alguno más libre de la presión de los hombres, y de la de su época. [...] No

---

[41] Gossman, "History as Decipherment" (pp. 31-32), y agrega: "The hidden object of curiosity and desire becomes here identified not simply with the excluded, alienated, or repressed, but with [...] the unstructured, the popular, the female —all those 'primitive', pre-individual and almost pre-human forces, blindly productive and destructive at the same time, that the propertied, patriarchal culture of the modern West seems to have invented in order to define itself against them. The Other of the romantics here assumes a threatening as weil as an alluring aspect. If at times it seems ultimately reducible, by virtue of the historian's heroic efforts, to intelligible order, at other times it looms before him as the terrible, unreadable image of the ultimate irrationality and meaninglessness of existence, his own dreaded Nemesis."

obedeció a ningún sistema, lo que le parecía acto de ciego y de siervo; ni creó ninguno, lo que le parecía acto de mente flaca, baja y envidiosa" (XIII, p. 20).

Emerson, a pesar de haber merecido el reconocimiento de sus contemporáneos, representa en el texto de Martí al hombre natural: si bien en la crónica se citan algunos nombres de la cultura —Montaigne, Swedenborg, Plotino, Platón, Carlyle, Whitman, Beecher, Stedman—, lo importante es que Emerson apartó la enseñanza de los libros: "Uvas secas parecen los libros que poco ha parecían montes" (p. 21) y se sumergió en lo raigal, lo primitivo (la naturaleza), para descubrirse hombre y Dios.

José Martí va a recurrir a la naturaleza para darle un vuelco al sistema de representación. Si para los románticos, costumbristas, realistas, positivistas o incluso los periodistas liberales que eran sus contemporáneos, la razón y la inteligencia eran los instrumentos para domesticar la barbarie natural, si la industria se imponía sobre lo escondido homogeneizando y ordenando, para Martí la naturaleza haría volver a su cauce una realidad que él —por el contrario— sentía desordenada, heterogénea, en crisis. Las mejores crónicas sobre escritores norteamericanos que escribió (Emerson, Whitman, Longfellow) tienen en la naturaleza el patrón que permite derribar los moldes impuestos por la civilización y hallar por fin alguna armonía; en su texto sobre el terremoto de Charleston, la naturaleza —la catástrofe— permitirá que surja lo raigal, lo verdadero de cada hombre.

Si se leen las abundantes noticias publicadas por los periódicos de Nueva York sobre el tema no se hallará nada parecido, aunque la fuente de las anécdotas o detalles referidos por Martí en "El terremoto de Charleston" (1886) puedan encontrarse puntualmente, en su mayoría, allí. En *The Sun* (2, 3 y 4 de septiembre de 1886) se habla de la gente que salió desnuda gritando a la calle, de la ondulación de un tren que galopaba subiendo y bajando en sus partes de modo alternativo, de rieles como serpientes, de que los relojes quedaron detenidos cuando empezó el temblor cuyo sonido era como el de un cuerpo arrastrado; se habla de dos personas que, del susto, se lanzaron por el balcón, de las orgías religiosas de los negros, de las posibles razones científicas del terremoto. Martí convierte el dato de una estatua caída en la imagen: "las estatuas han descendido de sus pedestales" (p. 70), o a la afirmación de que "There have been many births since the first shock" (4 de septiembre) en una imagen que será repetida en el texto: la de dos gemelos rientes que nacieron en la misma hora del terremoto en una tienda azul, siguiendo su idea —como lo dirá en "Whitman"— de que muerte y vida son un mismo fluir, de que "un hueso es una flor" (XIII, 134).

The New York Times, *The Baltimore Sun*, *The Tribune* cuentan la catástrofe acumulando datos y nombres, en una sucesión de cables que comienza con la ciudad y la fecha de su procedencia. Cada cable actúa como un capítulo de un conjunto que es la primera plana y al mismo tiempo es absolutamente independiente. Se dan las cifras de las pérdidas materiales, el número que se conoce de heridos, los nombres de los muertos, se reproducen testimonios y algunas puestas en escena de la catástrofe. *The Sun*, en cambio, se preocupa por articular la narración de un modo detallado y realista. De la lectura de estos artículos y tal vez de algún otro, Martí extrajo el material para escribir su crónica: él no estuvo en Charleston personalmente, aunque el presente y el detalle de su escritura tienen la vivacidad de un testigo presencial.

En una de sus cartas a Bartolomé Mitre en 1882 había explicado:

> Mi método para las cartas de New York que durante un año he venido escribiendo, hasta tres meses hace que cesé en ellas, ha sido poner los ojos limpios de prejuicios en todos los campos y el oído a los diversos vientos, y luego de bien henchido el juicio enemigo sin que haya sido antes pronunciado por boca de la tierra —porque no parezca mi boca temeraria— y de no adelantar suposición que los diarios, debates del Congreso y conversaciones corrientes, no hayan de antemano adelantado. De mí no pongo más que mi amor a la expansión

—y mi horror al encarcelamiento del espíritu humano. Sobre este eje, todo aquello gira [IX, 16-17].

Su "amor a la expansión" da literariedad al texto. El pasado y el presente se van alternando en los párrafos, las frases se alargan o acortan de acuerdo con el ritmo que quiere imprimir a la narración. "Decirlo es verlo" (p. 67), escribe, y enseguida agrega expresiones como "se hinchó el sonido" o "corrían los hombres desalados" y, aunque cada detalle descrito tenga su fuente en un periódico, es seguro que los hombres desalados no se hallan allí y mucho menos preguntas como: "¿quién asía por el cinto a la ciudad, y la sacudía en el aire, con mano terrible y la descoyuntaba?" Las "r" abundan, las frases se cortan, el ritmo parece retumbar como el de una locomotora:

> Se oye venir de nuevo el ruido sordo: giran las gentes, como estudiando la mejor salida: rompen a huir en todas direcciones: la ola de abajo crece y serpentea; cada cual cree que tiene encima a un tigre. Unos caen de rodillas: otros se echan de bruces: viejos señores pasan en brazos de sus criados fieles: se abre en grietas la tierra: ondean los muros como un lienzo al viento: topan en lo alto las cornisas de los edificios que se dan el frente: el horror de las bestias aumenta el de las gentes: los caballos que no han podido desuncirse de sus carros los vuelcan de un lado a otro con las sacudidas de sus flancos: uno dobla las patas delanteras: otros husmean el suelo: a otro, a la luz de las llamas se le ven los ojos rojos y el cuerpo temblante como caña en tormenta: ¿qué tambor espantoso llama en las entrañas de la tierra a la batalla? [p. 68].

Se dislocan los tiempos, la sintaxis, los signos de puntuación. La fonética invoca el sentido, el texto da cuenta de una actualidad referencial y al mismo tiempo reflexiona sobre su propia escritura —concretamente cuando analiza el ritmo de las plegarias de los negros—, remite a otro orden que nada tiene que ver y que tal vez se pueda llamar el equilibrio de la creación:

> ¡con todo ese universo de alas que le golpea de adentro del cráneo, no es el hombre más que una de esas burbujas resplandecientes que danzan a tumbos ciegos en un rayo de sol!: ¡pobre guerrero del aire, recamado de oro, siempre lanzado a tierra por un enemigo que no ve, siempre levantándose aturdido del golpe, pronto a la nueva pelea, sin que sus manos le basten nunca a apartar los torrentes de la propia sangre que le cubren los ojos! ¡Pero siente que sube, como la burbuja por el rayo de sol!... [p. 66]

Y aún más interesante quizá es el cambio en el papel de la naturaleza. Martí "literaturizó" los datos extraídos del referente periodístico. En ningún lado se encuentra el eje que estructura "El terremoto de Charleston": la catástrofe iguala las clases sociales, las razas, los hombres. Los diarios norteamericanos hablan del pueblo que abandona sus casas y de los negros en delirios religiosos: en la crónica martiana los blancos, asustados, se unen a los primitivos rituales africanos. El terremoto desata lo primigenio e instaura otras relaciones y comportamientos.

La diferencia en la interpretación no puede atribuirse, por supuesto, a la hispanoamericanidad de Martí frente al racionalismo de los periodistas de Nueva York. Así, por ejemplo, en un texto publicado el 26 de marzo de 1881 en *La Opinión Nacional* de Caracas, el escritor Arístides Rojas reconstruye la historia mítica del terremoto de Caracas (del 26 de marzo de 1812). En su crónica la naturaleza es una aliada del clero: ambos son bárbaros o enemigos del progreso y la razón; en el texto lo jerarquizado es la voluntad del hombre (el libertador Simón Bolívar) que logró imponerse sobre la naturaleza y derrotó el fanatismo. La historia, incluso, aparece como un cuadro fijo que pende del presente.

En "El terremoto de Charleston" la estructura entera apunta en otro sentido: el orden perfecto del comienzo, el de las casitas blancas y la prosperidad brindada por la civilización y el triunfo de los blancos sobre los negros, es el que va a ser destruido. A Martí no le interesa dar cuenta de los daños materiales: lo que interesa es ver la explosión de las entrañas de la tierra sobre esa civilización tan bien podada. Interesa, entonces, el "tambor espantoso [que] llama en las entrañas de la tierra a la batalla" (p. 68). Ese clamor descompone la representación, el aire se llena de alas "que lo hendían como si fueran flechas... y parecía que llovían lágrimas", los "blancos arrogantes, cuando arreciaba el temor, unían su voz humildemente a los himnos improvisados de los negros frenéticos" (p. 70) y "de la empañada memoria de los pobres negros iba surgiendo a su rostro una naturaleza extraña: ¡era la raza comprimida, era el África de los padres y de los abuelos, era ese signo de propiedad que cada naturaleza pone a su hombre [...]. Trae cada raza al mundo su mandato, y hay que dejar la vía libre a cada raza, si no se ha de estorbar la armonía del universo" (p. 72).

Los escritores contemporáneos a José Martí trabajaban con un lenguaje y un sistema de representación que estaba agonizando. La realidad se desplazaba siempre más allá de sus textos, se les escurría fuera de los márgenes. Martí consiguió en cambio dar alcance y capturar esa realidad mientras aún estaba viva, y lo hizo con el lenguaje transfigurador, abierto al artificio, que convertiría esa misma realidad en fuente de un discurso literario autónomo.

No era tan fácil racionalizar entonces a América Latina con los moldes extranjeros. Martí advirtió que había llegado el momento de que el continente mestizo, sincrético, acrisolado, empezara a fluir con su propia voz: una voz cuya identidad se alimentaba naturalmente de la apropiación de las culturas, de los pasados, y que se legitimaba —como el mestizaje— al pasar esos lenguajes por el tamiz de la propia experiencia, de la propia historia y de la naturaleza originaria.

Martí elaboró su obra en tiempos de dispersión, de drásticas mudanzas científicas, políticas, culturales y económicas. A la vuelta del siglo, la América Latina de los centenarios de la Independencia tendría ya pocas semejanzas con la América aldeana de las guerras civiles y de las organizaciones nacionales posindependentistas. Martí fue el primero en capturar esa modernidad que parecía inapresable; y también el primero en entender —junto a Manuel Gutiérrez Nájera— que esa percepción no podía caber en el Libro único; que esa realidad fugaz y en constante proceso de elaboración sólo podía captarse con un lenguaje que tuviera su mismo ritmo, su misma fugacidad, mutabilidad, inmediatez, y que al mismo tiempo expresara la potencia de los cambios con una poética igualmente inventiva, en tensión, en estado de búsqueda, continuamente insatisfecha de sí misma. Ese lenguaje encontró su nueva épica en la crónica periodística, y la convirtió, como las viejas sagas, en un campo de batalla y creación literaria sembrado de victorias y derrotas.

CAPÍTULO VII

CONCLUSIONES: AVENTURA Y TRANSGRESIÓN DE UNA ESCRITURA Y DE UNA LECTURA

REDESCUBRIR LAS CRÓNICAS MODERNISTAS, ESPECIALMENTE LAS DE José Martí, no es sólo hacer justicia a una vasta producción literaria que transformó la prosa hispanoamericana. Redescubrir las crónicas implica la aventura de la transgresión. Porque no es sino transgresión y aventura *aceptar que una nueva literatura pueda surgir desde un espacio periodístico*, o preguntarse qué es un género y, peor aún, qué es la literatura: por qué un texto es "arte" y otro no.

La crónica es un producto híbrido, un producto marginado y marginal, que no suele ser tomado en serio ni por la institución literaria ni por la periodística, en ambos casos por la misma razón: el hecho de no estar definitivamente dentro de ninguna de ellas. Los elementos que una reconoce como propios y la otra como ajenos sólo han servido para que se la descarte, ignore o desprecie precisamente por lo que tiene de diferente.

Paradójicamente, la crónica modernista surge en la misma época en que comienzan a definirse —y separarse— los espacios propios del discurso periodístico y del discurso literario. La literatura se descubre en la esfera estética, mientras que el periodismo recurre a la premisa de ser el testimonio objetivo de hechos fundamentales del presente.

La estrategia de la escritura periodística establece, desde ese entonces, un pacto de lectura: aunque parezca increíble lo que se cuenta, es un acontecimiento totalmente real, lo opuesto de lo que se supone literario. Lo que se cuenta puede o no parecer real, pero jamás ocurrió como tal fuera de la imaginación del autor. En la literatura, en cambio, es irrelevante si lo que se cuenta ocurrió en la realidad; importa menos lo que se cuenta que el *modo* como se lo cuenta, el peso poético de las palabras, el valor autónomo de lo escrito. Lo real se reduce a un pacto de lectura opuesto: basta que lo narrado resulte verosímil para el lector, respetando la lógica y las leyes de la imaginación establecidas por el propio texto.

Y la crónica está allí, desde el principio, amenazando la claridad de esas fronteras.

La crónica se concentra en detalles menores de la vida cotidiana, y en el modo de narrar. Se permite originalidades que violentan las reglas del juego del periodismo, como la irrupción de lo subjetivo. Las crónicas no respetan el orden cronológico, la credibilidad, la estructura narrativa característica de las noticias ni la función de dar respuesta a las seis preguntas básicas: qué, quién, cuándo, dónde, cómo, por qué.

La crónica, como el periodismo, no inventa los hechos que relata. Su manera de reproducir la realidad es otra: los textos enviados por Martí como corresponsal desde Nueva York no se adhieren a una representación mimética y esto no significa que su subjetividad traicione el referente real, sino que se le acerca de otro modo, para redescubrirlo en su esencia y no en la gastada confianza de la exterioridad.

Los textos de este autor aclaran el género. En sus crónicas, Martí retrata los acontecimientos a través de mecanismos —como la analogía, el simbolismo, el impresionismo, el expresionismo, la musicalidad— y de imágenes que son construcciones de su pensamiento y que no existen como tales sino dentro del espacio textual. El resultado es una crónica que no saca al lector de la dimensión de la realidad de los hechos sino que introduce en ese plano un modo de percepción que lo mitologiza y le confiere trascendencia sin perder el equilibrio referencial.

A través de la crónica como punto de inflexión entre el periodismo y la literatura, se descubre que la forma de interpretar o de construir la autonomía de los discursos ha producido deformaciones en los modos de estimar sobre todo la esfera literaria. Lo factual ha quedado para otras disciplinas, como si lo estético y lo literario sólo pudieran aludir a lo emocional o imaginario, como si "lo literario" de un texto disminuyera con relación al aumento de la referencialidad, como si los otros discursos escritos estuvieran eximidos de ser también representaciones elaboradas, configuraciones del mundo, racionalizaciones, elaboraciones que encuentran tal o cual forma de acuerdo con la época. Se ha confundido el referente real con el sistema de representación, como si lo objetivo de un texto fuera "la verdad" y no una estrategia narrativa.

No puede desecharse esta disociación entre el mundo de los acontecimientos verdaderos y la creación como uno de los motivos que explican las acusaciones de torremarfilistas contra los escritores del modernismo. Porque, como se ha visto, es distinto analizar la toma de conciencia sobre el acto poético como definición del campo propio del discurso literario y otra cosa es creer que esa toma de conciencia es estetizante en un sentido peyorativo: deformadora de lo real, indiferente al acontecer, embellecedora del *statu quo*. La voluntad modernista de la forma o la autonomía no significó el divorcio de la vida, sino la defensa del valor propio de cada palabra, de las inacabables potencialidades de la expresión y las significaciones. Su toma de conciencia les permitió a los modernistas crear códigos, que a su vez generaron la capacidad de percibir otras versiones de la realidad.

En las crónicas de José Martí está claro este nuevo modo de entender la escritura. No importa que en este caso los textos también hayan sido producidos con una intención moralizadora: esta consideración pertenece a otro orden. En sus textos las palabras tienen una doble significación: la transparente y centrífuga que caracteriza al periodismo, y la de la poesía, donde las palabras se resignifican de acuerdo con cómo las relaciona la escritura misma.

Con el comienzo de la modernidad, la autonomía literaria modernista aportó una ruptura con el sistema de escritura tradicional. La crónica es una ruptura por sí misma, aun más fuerte porque desde el comienzo cuestiona y participa de esa autonomía, contradiciéndola y reforzándola, aportando criterios que los sistemas de escritura apenas comienzan a explicar un siglo después. Fueron la prosa y la poesía modernistas las primeras en comprenderlo y elaborarlo en este hemisferio.

Las crónicas no sólo participan de esa revolución en el manejo de la palabra, sino que muestran cuán estereotipada era y sigue siendo la comprensión del lenguaje poético. Porque aún hoy se caracteriza la poesía por esa potencialidad para rescatar las palabras de su significado habitual y revelar sus múltiples significaciones, según la habilidad o ausencia de ella en la técnica de la escritura. Nada más opuesto, en teoría, que un poema y una crónica periodística.

No obstante, en las crónicas de Martí se encuentra lo que hoy se califica como lenguaje poético. Ese lenguaje resplandece aunque la selección temática y la construcción textual dependan de las jerarquías establecidas por la actualidad y por la referencialidad. Resplandece, aunque las frases se hayan escrito con la premura del periodismo y la supuesta impureza de un trabajo asalariado y dirigido a un lector masivo. Detrás de las categorizaciones convencionales acerca de "lo literario" (léase "el arte") se encierra un mecanismo de distribución del poder que margina lo creativo. La creación queda fuera del mundo productivo, útil, para adquirir un valor residual de mero placer intelectual, espiritual o, a lo sumo, de entretenimiento; y el ordenamiento de la imagen del mundo se hace desde espacios diferentes del discurso escrito: el de la historia, el de la academia, el del periodismo, el de la ciencia.

La rigidez de esta separación disfraza la realidad de la escritura: *no hay texto que no responda a un proceso de selección, a un principio ordenador.* No significa esto que todo discurso escrito sea literatura, puesto que la literatura se construye sobre el trabajo con el lenguaje como valor primero; significa que comprender la subjetividad de toda construcción acerca a los hombres a la conciencia de que *aquello que leen no es incuestionable*; que aquello que leen —sea lo que fuere— no es "lo real" sino una *representación*.

A la literatura en cuanto arte no se la puede ver como una categoría separada del proceso social que la contiene: es un acto de solidaridad histórica y participa de la multiplicidad de la práctica cultural, como decían Barthes y Williams. Por eso resulta tan apasionante la relectura de las crónicas de José Martí: obligan a tomar conciencia de lo que convive dentro de la escritura. En su "impureza" dentro de las divisiones de los discursos, en su marginalidad con respecto a las categorías establecidas, está lo que él aspiraba en la literatura: romper con los *clisés,* permitir nuevas formas de percepción.

Al insistir en la originalidad y en la no repetición, encuentra el modo de la ruptura real. Confrontar lo aprendido con la experiencia propia es ponerlo en duda, revisarlo y sólo dejarlo cuando se ha confirmado que no se trata de una pura convención, o transformarlo en otra forma de verdad. Las crónicas de Martí son producto de ese proceso. Pueden incluir muchos sistemas de representación, pero en el resultado de la confrontación y en la mixtura personal está su novedad, su originalidad.

La estética que propone no es imitación de nada: sobrepasa los esquemas de los que salió, fundando en Hispanoamérica un modo de relacionar los elementos del lenguaje y de la realidad, una escritura y una voz propia.

Vista así, la hibridez de la crónica no es peyorativa, sino la expresión más ajustada a una concepción poética. Como decían Medvedev y Bajtín: el género es la expresión total y no sólo un aspecto más.

En cada época de crisis, los agentes en pugna tratan de reconstruir una unidad vehiculizando un sistema de narración. Y en esa época de tensión desestabilizadora, Martí y los modernistas crearon un espacio de condensación y de lucha —un espacio dialéctico no resuelto ni estático, en resonancia con la época—, donde el idealismo se asienta en lo real, donde sobre el yo ordenador gravitan la historia y la inmediatez, donde se encuentran todas las mezclas convertidas en una unidad singular, autónoma y tan contradictoria como su época.

La crónica propone una épica con el hombre moderno como protagonista, narrado a través de un yo colectivo que procura expresar la vida entera, a través de un sistema de representación capaz de relacionar las distintas formas de existencia, explorando e incorporando al máximo las técnicas de escritura.

La crónica modernista fue un laboratorio de ensayo permanente, el espacio de difusión y contagio de una sensibilidad y de una forma de entender lo literario que tiene que ver con la belleza, con la selección consciente del lenguaje, con el trabajo con imágenes sensoriales y los símbolos, con la mixtura de lo extranjero y de lo propio, de los estilos, de los géneros, de las artes, de la democracia y de la épica, de la naturaleza y de la realidad social e íntima, del dolor decadente de parnasianos y simbolistas y a la vez de la fe en el futuro, en la armonía cósmica y en el liberalismo. La duda es el sistema que anuncia ya al hombre anfibio que Hegel preveía para la modernidad.

Las crónicas modernistas son los antecedentes directos de lo que en los años cincuenta y sesenta del siglo XX habría de llamarse "nuevo periodismo" y "literatura de no ficción". Su hibridez insoluble, las imperfecciones como condición, la movilidad, el cuestionamiento, el sincretismo y esa marginalidad que no termina de acomodarse en ninguna parte son la mejor voz de una época —la nuestra— que a partir de entonces sólo sabe que es cierta la propia experiencia, que se mueve disgregada entre la información constante y la ausencia de otra tradición que no sea la de la duda. Una época que vive —como los modernistas— en busca de la armonía perdida, en pos de alguna belleza.

La invención de la crónica se terminó de imprimir y encuadernar en noviembre de 2005 en Impresora y Encuadernadora Progreso, S. A. de C. V. (IEPSA), Calz. de San Lorenzo, 244; 09830 México, D. F. En su composición, parada en el Departamento de Integración Digital del FCE, se usaron tipos Berkeley de 19, 16, 11:14, 10:14 y 9:13 puntos. La edición consta de 3000 ejemplares.